バカのための思考法

ASKING THE RIGHT QUESTIONS :
A GUIDE TO CRITICAL THINKING

情報空間コーディネーター・YouTuber
浅村正樹
ASAMURA MASAKI

CROSSMEDIA PUBLISHING

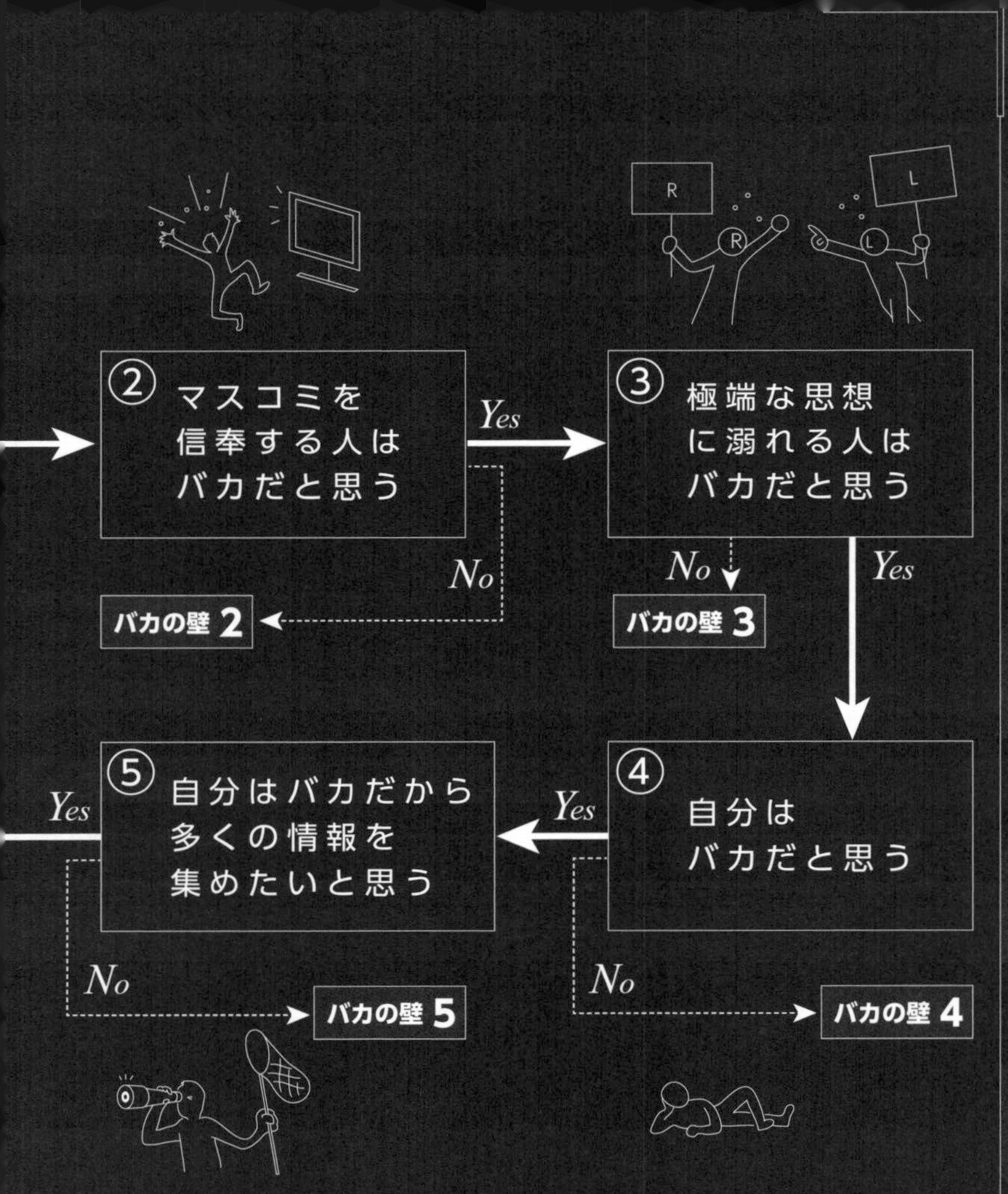

⑤ 自分はバカだから多くの情報を集めたいと思う

バカの壁 4	…アナタはうぬぼれバカです。
バカの壁 5	…アナタはリテラシーのないバカです。
バカの壁 6	…アナタは思考しないバカです。

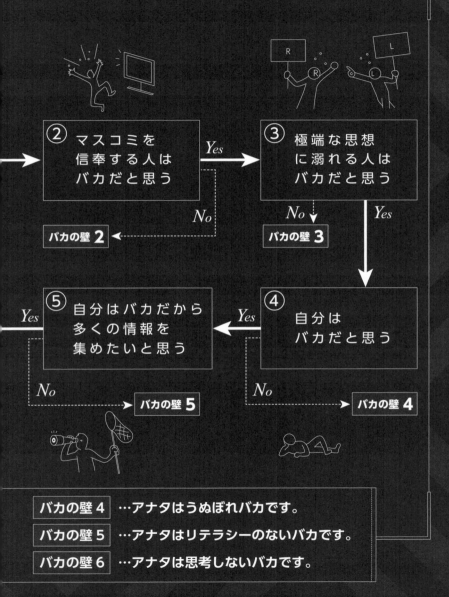

▷バカの壁脱出テスト

①から⑥へ順番にお答えください。
Yes の方は次へ進んでください。
No の方は壁の解説をご覧ください。

START

① 物事を疑わず
考えが浅い人
はバカだと思う

Yes →

No → バカの壁 1

⑥ バカはバカなりに
思考し続ける
必要があると思う

Yes → **GOAL!!!**

バカの壁脱出

おめでとう
ございます！

No → バカの壁 6

解説

バカの壁 1 …アナタはバカの国の王様です。

バカの壁 2 …アナタは洗脳バカです。

バカの壁 3 …アナタは思想バカです。

【ポリティカル・コレクトネス】

〈解説〉

Political Correctness、通称 PC とは、「政治的正統性」などと訳されている。もともとはマイノリティの差別的な表現や認識を改めるという左翼運動から出た言葉であるが、現代では様々な立場の人たちが PC を利用して、自分たちの「正統性」を主張していることもあり、本来の意味で使われないこともある。社会の変化とともに使用される言葉は急速にアップデートされている。

〈事例〉

・ビジネスマン→ビジネスパーソン
・看護婦→看護師
・「美白」という言葉は使用しない……花王

▷バカのための常識クイズ①

PCって、なに？

答え

ヒント　「ポ」から始まります。

【グーグル、アップル、フェイスブック、アマゾン、マイクロソフト】

〈解説〉

Google、Apple、Facebook、Amazon、Microsoft を総称して「GAFAM（ガーファム）」という。

「GAFAM 帝国」などとも言われ、稼ぎだす巨額マネーを背景に世界で絶大な権力を持っている。私たちの知らないところで世の中を実効支配しているという意味で、その動向を注視しなければならない存在になっている。＝ディープステートなのか？

〈事例〉

・YouTuber の垢 BAN（アカウント停止）

・Facebook、Twitter のトランプ前大統領、アカウント永久凍結問題など

▷バカのための常識クイズ②

GAFAMって、なに？

答え

ヒント　「グ」から始まります。

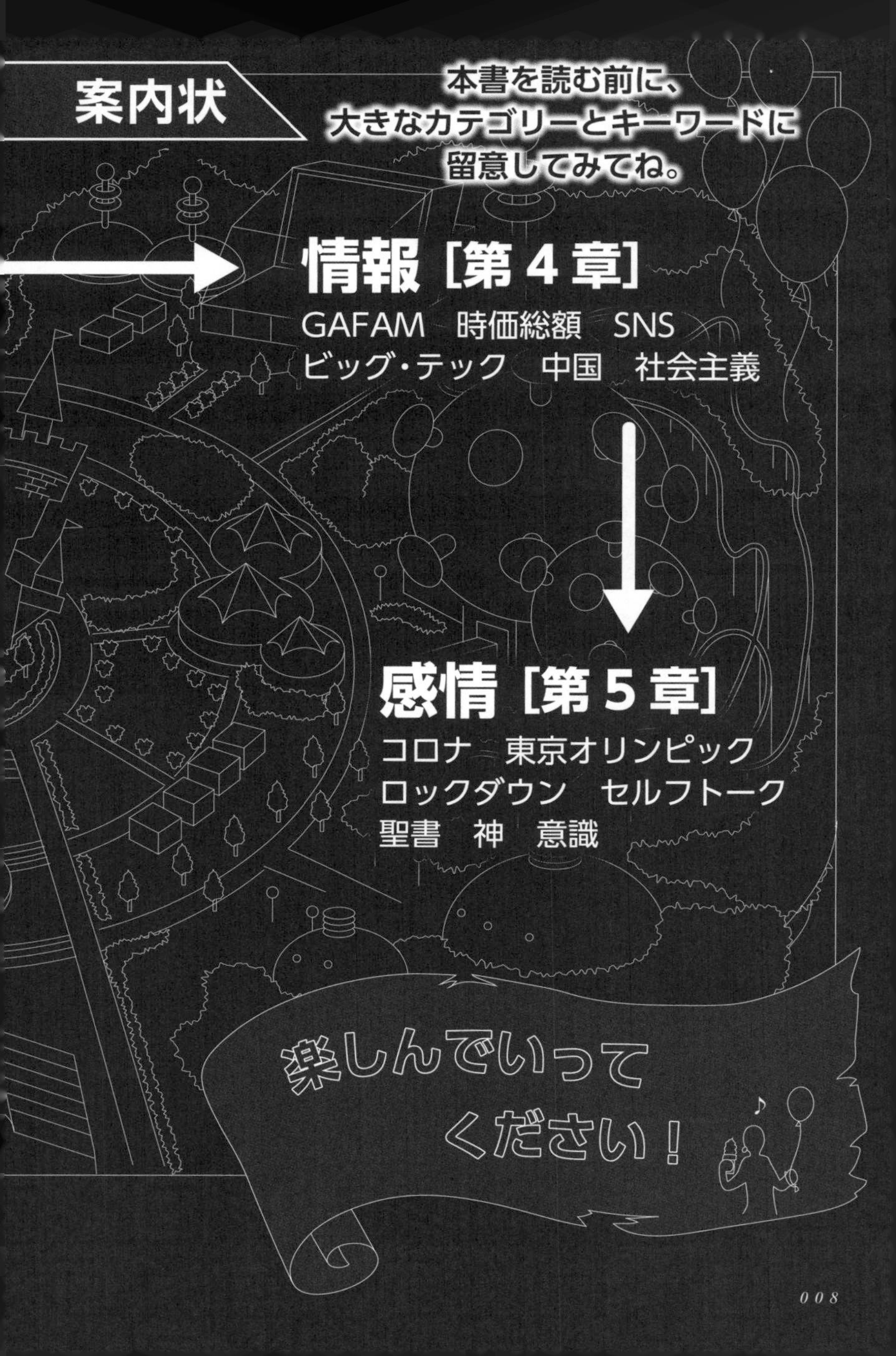

案内状

本書を読む前に、
大きなカテゴリーとキーワードに
留意してみてね。

情報［第4章］

GAFAM　時価総額　SNS
ビッグ・テック　中国　社会主義

感情［第5章］

コロナ　東京オリンピック
ロックダウン　セルフトーク
聖書　神　意識

楽しんでいって
ください！

▷バカのための思考テーマパーク

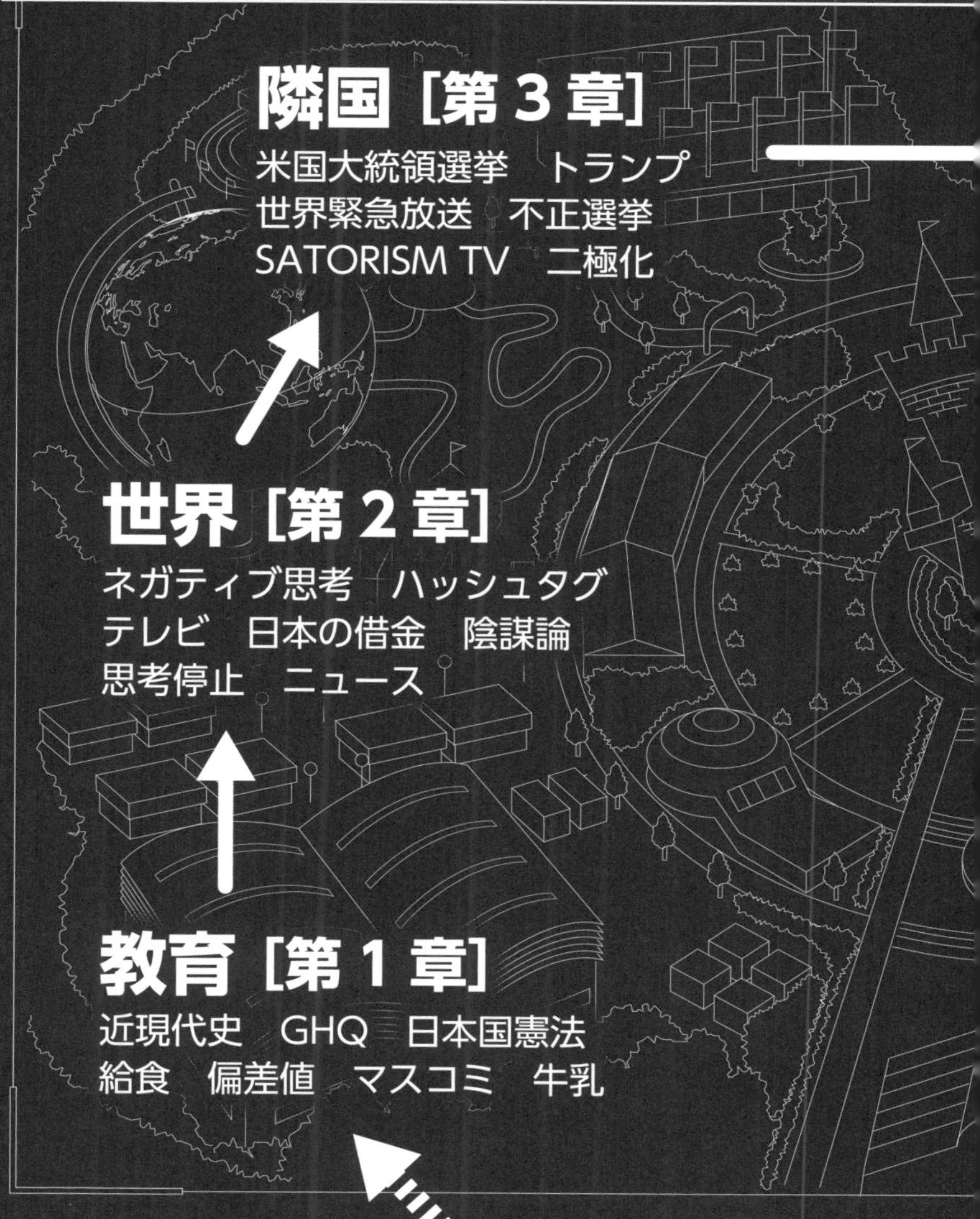

◎プロローグ

かつて私も「バカ」だったが、バカバカしくなって「バカ」をやめてみた!

〜「バカ」はやめられる〜


2020年のクリスマスイブ、その夜、私は「バズって」しまった。

「バズった」と言っても、一夜にして超有名人になったわけではないのだが、それでも私の人生にとっては初めての衝撃的な出来事だったのだ。

何でバズったのかと言うと、自身のYouTubeチャンネル『SATORISM TV』の視聴回数とチャンネル登録者数が一晩でほぼ100倍になったのだ。

とは言え、YouTubeではその程度のことは珍しくないのかもしれない。最近では芸能人などの有名人がテレビを離れYouTubeに参入してきている。そういったユーチューバーは一気に登録者数が100万人を突破したり、数十万再生のヒットを連発したりしている。

ただ、私自身のチャンネルが「政治・経済ニュース」であり、且つ「自己啓発系」であること、私自身が超無名のユーチューバーであることを考えると、一晩でチャンネル登録者数が100倍になったわけだから、堂々と「バズりました」と言えるのではないだろうか。その日以降もジワジワと増減を繰り返しながら、それまで数十人のチャンネル登録者数だったものが、1カ月ほどで300倍くらいになった。

一般的に、「政治・経済ニュース」チャンネルや「自己啓発」チャンネルは伸びないと言われている。**そもそも、YouTubeは娯楽性の高い情報媒体だ。テレビを観るような感覚で視聴しているユーザーが大半なのではないだろうか。**テレビよりもさらにパーソナルな娯楽情報媒体だと考えれば、わざわざ難しい内容の動画を視聴する人は当然少ないはずだろう。それなのに私のチャンネルが一晩で100倍の視聴者を獲得するとは、いったいどうしたことか？遅ればせながら、時代が私に追いついてきたということか？

実は、そうではなかった。『SATORISM TV』以外の「政治・経済ニュース」チャンネルも軒並みバズりまくっていたのだった。伸び率でいえば、私以上にもっと凄いチャンネルもあった。**「政治・経済ニュース」という分野でヒットチャンネルが続出した理由は、動画という手軽さもあるかもしれないが、世間の人々の志向が少しずつ変化してきているからではな**

いだろうか？　と私は分析している。というのも、この現象のきっかけが**2020年のアメリカ大統領選挙**だからだ。

2020年11月に行われたアメリカ大統領選挙は史上空前の盛り上がりを見せたと言えるかもしれない。そもそも、毎度アメリカ大統領選挙は世界中が注目するわけだが、とくに今回の選挙は、展開があまりにもドラマチックで、関連する不思議な出来事もたくさん発生したため、それまで政治に無関心だった大多数の人たちまでもが注目して情報は錯綜した。

そもそもの問題は、トランプ大統領を落選させるために不正な操作が行われた疑いがあることだ。ご存じない方のために簡単に説明しておきたい。大きく分けてポイントは2つ。

ひとつは、投票所に出向かなくても投票できる**「郵便投票」において不正が行われた疑惑**。もうひとつは、投票所の**票集計マシンがハッキングされ票の改竄《かいざん》が行われた疑惑**である。この不正疑惑に関しては現在も司法の場で係争中なので「不正選挙だ」と断言はできないものの、どう中立的に見ても「不正はあった」と思えて仕方がない点が多い。

選挙が意図的に操作されていたとなれば、それは選挙による民主主義の崩壊だ。選挙不正が横行しているということが証明されれば、誰も選挙結果など信じなくなる。したがって、アメリカ国民だけに留まらず、世界中の多くの市民が重大な関心を寄せたのだ。

加えて、当該選挙の不正疑惑を取り上げたツイートやFacebook投稿記事、YouTube動画などが悪質な陰謀論として一方的に削除されたり、アカウント停止措置を受けたりした点も騒動の要因となった。

詳しくは本編第3章で解説するとして、このことをきっかけにして、**大統領選挙に直接関係のない日本でも、それまで以上に多くの人が国際政治のことや世界の権力構造などに関心を持ち始めた**のではないだろうか。

また、2020年には中国発のコロナパンデミックで世界中が混乱していることもあり、これから世の中がどうなってしまうのかについて、多くの人が真剣に考え始めたのではないだろうか。そして、そんな人たちが一生懸命に情報収集を始めた。だから、超無名ユーチューバーである私のチャンネルも、それまで以上に多くの人たちに視聴していただけるようになったのだろう。そして、そこからご縁が生まれ、本書執筆の企画へと繋がっていった。

さて、本書執筆にあたり、個人的に気にしている点がある。それは『バカのための思考法』という本書のタイトルが、捉え方によっては「上から目線」とも感じられるので誤解されるのではないかという点だ。ここで言っておきたいのだが、**『バカのための思考法』は決して上から目線で読者を見下げているわけではないのである。**

科学が進歩し、世の中はどんどん便利になっている。それは良いことなのだが、一方で**私たち人類は、科学技術の発達により体を使わなくなるどころか、頭と心を使って深く考える必要すらなくなっている。**ビッグデータから統計を割り出し、人工知能が代わりに分析して最適解を提示してくれる。**例えば、YouTube は自分の好みに応じた動画ばかりを視聴してしまう構造になっている（つまり、「バカ」になるように私たちは仕向けられている）。**

頭を使って情報検索しなくてもいいし、自分と異なる価値観の情報に接して感情を害することもない。使わなくなった体の器官は退化していくというではないか。

つまり**多くの人の思考力と感受性は退化してしまう可能性がある**のだ。本書のタイトルは、そういったことへの警鐘を鳴らす意味が込められていると受け止めていただきたい。

「バカ」とはIQの問題ではなく、**むしろIQの高い人たちが「バカ」になっていく世界構造の中で生きている**がゆえ、私たちは、その「バカ」から脱出しなければならない、と私は考えている。少なくとも本書を手に取っていただいているあなたは、その「バカ」を受け入れているので、購入している時点で「バカの壁」は越えていると言えよう。

巻頭でテストをしていただいたのは、**「自分はバカである」という認識からスタートしていただきたい**という想いからである。逆に「自分はバカではない」という認識の方は、そのご自身のプライドをいったん捨て、本書を読んでいただきたい。

さて、ここであなたの日常を振り返ってみてください。自分を含め、身近な人たちを観察してみると、**「半径5メートル情報の世界」に閉じ込められていると感じることはないだろうか。**「半計5メートル情報の世界」というといささか大袈裟かもしれないが、**五感が利く範囲もしくは目の前のことしか認識できない**という意味だ。そして私たち人間は「習慣の生き物」なので「半径5メートル情報の世界」に慣れてしまうと、その**外側に世界が広がっていることもわからなくなり、そこから出て行こうとも考えなくなる**のだ。**言い換えれば、私たちは常にバカになっていくメビウスの輪から逃れられないのである。**

かつては私の世界も半径5メートルだった。世の中について何も知らず、また何も考えずに漫然と生きていたのだ。「自分が何も考えていない」ということすらわからないというのはバカとしか言いようがないのだが、それでも若かりし頃は「好きな音楽の道で生きていく」という夢があったので楽しかった。しかし、よくある話ではあるが、「国破れて山河あり」というか、自分で夢を手放した時、本当の自分を見つけてしまったのだ。30歳くらいで私は自分の頭で何も考えずに生きてきたバカであるということを悟った。

自分が「バカ」だと認識した日から、とにかく「一日も早くバカの人生をやめなければならない」と決めた。**私の言う「バカ」とは「他人思考・他人価値観」で生きることを指しているのだが、「バカ」を卒業するには「人生の目的」が必要**となる。人生に目的を持てば、様々なものに対して関心が湧いてくるだろう。関心は疑問を呼び、疑問が検索能力を向上させ、**検索によって手に入れた「知識」と「思考力」がその疑問を解決するはずだ**と私は考えたのだ。

人生にどんな目的を設定するかは自由だが、どんな人生を送るにせよ、私たちの人生の舞台はこの現実世界だ。したがって、この世界がどんな構造で成り立ち、どんなストーリーを経て現在に至るのか。そこに関心を向け「知識」と「思考力」を向上させていくことは極めて重要なことだと思う。

本書は、**【教育】【世界】【隣国】【情報】【感情】**といったテーマを軸に、その中で取り上げるニュースや現実世界に関心を向け、諸問題に自分事として向き合う視点と「自分思考・自分価値観」の人生を生きるためのヒントを解説していこうと考えている。

あくまで個人的な見解なのだが、文明の発展とともに、今後「自分の頭で考える」機会はなくなっていくように感じている。**情報はますますコントロールされ、全体主義的価値観で言葉や行動が制限されていく未来が待っている。**そう考えると、私たち人間は、どんどんバカになっていくのではなかろうか（一部の人たちを除いて）。

バカは半径5メートル情報の檻の中に閉じ込められる人生なのだ。諸外国はいざ知らず、私たち日本人がひとりでも多く**「与えられることに慣れきった脳」＝「与えられ脳」を捨て、「自分思考・自分価値観」の人生に目覚める**ことを願う。

浅村正樹

バカのための思考法 ◉目次

Education '01

第1章

「思考停止」という快楽に溺れるバカな俺たち——［教育］

World '02

第2章 ニュースから、この世の構造を知る——［世界］

Next door '03

第3章 アメリカ大統領選挙に見る、人類の二極化――［隣国］

Intelligence '04

第4章 超管理型社会主義体制の近未来、ビッグデータを独占するGAFAM——［情報］

Emotions '05

第5章 バカを脱出するための思考法——［感情］

第1章

「思考停止」という快楽に溺れるバカな俺たち――［教育］

○○なぜ学校の授業では、近現代史の時間が足りないのか？

私は歴史が大好きだ。とくに日本の歴史は凄く面白いと思っているが、学校で教えられる歴史の授業は全然面白くなかった。なぜならば、学校の授業では「歴史の面白い部分」にあまり時間を割かず、「大して面白くない部分」にスポットを当て過ぎているからだ。

どの時代や分野を面白いと感じるかは個人の好みによるものの、**歴史ファンの多くが「戦国時代」や「幕末・明治維新」、そして「明治以降の近現代」を面白いと感じるのではないだろうか。**

しかし、学校の歴史の授業では、やたらと土器や古墳の縄文・弥生時代が長い。また、鎌倉・室町時代の寺院や美術工芸文化など暗記しなければならない項目も多い。気がつくと、幕末から一気に太平洋戦争終戦まで一足飛びで授業が終了するのだ。気のせいかもしれないが、そんな調子で授業が進むので、**私たちは肝心な幕末から現代という超濃密な歴史をほとんど知らない**し、むしろ、学校ではそこに関心が向かわないようにしていたのではないか。

今を生きる私たちの人生に最も影響を与えた近現代史なのに、まともに時間を割かない教育のあり方はいかがなものかと思うのである。

「賢者は歴史から学び、愚者は経験から学ぶ」という格言が存在するくらいなのだから、私たちはもっと近現代史をちゃんと学ぶ必要がある。

教育現場の社会の先生たちは、どのように思っているのだろうか？　明治開国以降、日本が西欧列強国とどのように拘わってきたのか、どのような理由で大陸へ進出しアメリカと戦争することになったのかを学ぶよりも、古墳や稲作、土器、武家政治などに時間を割いて学ぶ方が有意義だとでも思っているのだろうか？

もしかすると単純に授業時間が足りないだけなのかもしれない。それならば、歴史を逆に辿っていき、近現代から授業を始めればいい。縄文時代や飛鳥時代の部分は場合によっては駆け足で学んでも問題はないだろう。例えば、戦後に「日本国憲法」がどのようにして作られたかを知ることは現代の私たちにとって非常に重要だが、「十七条の憲法」を誰が何の目的で作ったのかを知らなかったとしても何の問題もないではないか。50年前や100年前の明確な資料が残っている歴史を学ぶ方が、今を生きる上で私たちには重要なのに、1000年以上も昔の判然としない出来事や人物名、土器や絵画ばっかり暗記させられてはたまらない。何のために、私たちは歴史を学んでいるのか？　という目的論で物事を問い直すということは、とても大切なのだ。

現代を生きる私たちには、今ある問題を解決し未来を創造していく責任があるはずだ。では、今目の前にある諸問題を解決するにはどうすればいいのだろうか？　それには、その問題が誕生した経緯を分析する必要がある。つまり、過去から現在に至る経緯を理解するということだ。私たちは、問題を解決し、より良い未来を創造するために歴史を学ぶのである。

しかし、本当のところは、近現代史に割り当てる時間が足りなくなったので、一足飛びに授業を進めているのではない。明治以降、とくに昭和に関しては「真実の歴史を詳しく教えてはならない」ということになっているからである。恐らく、「明治以降は詳しく教えてはイケない」と明確な業務命令があるわけではないだろう。授業の時間配分なども含めて、何となくそういう指導を受けるのだろうと思う。しかも、昭和史などの現代史は入試をはじめテストでも出題されることが多くないため、学生は自ずと他の時代に時間を割いて勉強している。

では一体、誰が何の目的で「真実の歴史を日本人に教えてはイケない」と考えているのだろうか？　そうさせるだけの権力を握っているのは何者なのか？　少しだけ時間を遡る。

∞ GHQがやって来た！

日本という国において、私たち日本人に主権がなかった時期があることを知らない人は実はけっこう多いのだ。主権がない時期とは、つまり植民地であった時期があるということだ。しかも、その期間は7年間も続いた。

1945年（昭和20年）8月15日、日本は敗戦した。「終戦」ではなく「敗戦」と表現するのが正しいと思う。細かいことだが、やはり言葉のチョイスは重要である。

「終戦」という表現は、「始まって、そして終わった」という観点なので、客観的過ぎて意味が込められていない。歴史から学ぶのであれば、「敗けた」という事実と向き合い、そこから学びを得てより良い未来に繋げていかなければいけない。したがって「終戦記念日」ではなく「敗戦記念日」と表現しなければ学べないと思うのだ。

ポツダム宣言を受諾後、無条件降伏した日本に連合国軍最高司令官総司令部いわゆるGHQが進駐してきた。GHQは、名目上は「ポツダム宣言の執行」を担う機関であって、「占領支配」

を行う組織ではない。しかし、実質はアメリカ合衆国およびイギリス連邦諸国連合軍による日本国占領統治機関であった。

GHQの最大の目的は、連合国にとって脅威であった日本の軍事力解体と、日本を非武装化して親米・親英国家に創りかえることであった。そのため降伏文書に基づき、天皇と日本政府の統治権は最高司令官の支配下に置かれてしまったのである。アメリカ主導の連合国軍占領下において、日本政府は外交関係を一切遮断され、外国との通商・貿易・人と資本の移動などはGHQの許可によってのみ行われた。内政はもちろんのこと、とくに外交に関して主権を許されない植民地期間は、1952年（昭和27年）4月のサンフランシスコ講和条約発効まで約7年間も続いたのである。

GHQが実行した占領政策のひとつに、戦後の日本人に大きな影響を及ぼしたWar Guilt Information Program（WGIP）というものがある。直訳すると「戦争罪悪感計画」ということになるのだろうか。簡単に説明すると「日本国民に自虐的な歴史観を植えつけ、深く反省させて二度と戦争をさせないようにするための歴史教育政策」である。

例えば、日中戦争から太平洋戦争にかけて、日本人はアジア諸国を武力で侵略したこと。罪なきアジア諸国の人々を大量に虐殺したこと。アメリカとの戦争は日本側の一方的な奇襲攻撃によって始まったこと。広島・長崎への原子爆弾投下は日本人虐殺ではなく戦争を終結させるために仕方なく実行された正当な攻撃であったこと。

要するに、大日本帝国は戦争犯罪を犯した国家であり、日本人は猛省し謝罪しなければならず、過去の自分たちを正当化することは間違っていると信じ込ませるための政策を行った。

そのため、WGIPにとって不都合なことは徹底的に潰されていった。まず、占領直後から戦争指導者の検挙を開始して、東條英機元首相をはじめ数十名の政治家や軍人を逮捕し、A級戦犯として極東軍事裁判において東條含む7名を死刑、その他を終身刑に処している。ちなみにA級戦犯とは「平和に対する罪」を犯したものと極東国際軍事裁判所条例第5条に定義されている。「平和に対する罪」という表現はあまりに抽象的だが、「せっかく平和だったのに、日本のせいで平和じゃなくなったので有罪だ」という意味だろうか？　国際法に違反・抵触したことでの有罪判決ではない。

また、公職追放といって、戦争に関与したと判断された者は、政府機関や政治家など特定の職に就くことを禁止された。この時、一説には政治家・官僚・旧軍人・教職員など25万人が追放されたとも言われており、公職追放直後の期間では中央政府と地方政府は事実上その機能を停止した。

さらには、焚書といって、戦前・戦中に発刊された書籍7000点以上が燃やされ発禁処分となった上、新たに発刊される書籍や新聞、教科書などは厳しく検閲されたのである。こうしてWGIPによって、私たち日本人は思想、言葉、歴史の真実などを奪われ、その代わりのものを与えられ続けてきた。その結果が今の日本の姿であり、今のあなたの人生なのである。

∞アメリカ人が創ってくれた「日本国憲法」

かくして我が国は1945年（昭和20年）8月、ポツダム宣言を受諾し、連合国軍に対して無条件降伏することとなった。そして連合国軍最高司令官総司令部（GHQ）によって占領統治されたのは先述の通りである。

ところで、我が国の「日本国憲法」は少数のアメリカ人によって作成されたという事実をご存じだろうか。しかも原文は英文で、後から和訳し直して作成されたのである。

日本が受諾したポツダム宣言に「日本国政府は日本国国民の間に於ける（中略）言論、宗教及び思想の自由並びに基本的人権の尊重は確立せらるべし」と定められたため、GHQは日本政府に対し大日本帝国憲法の改正を命じた。この命令に応じて内閣の下に設置された憲法問題調査委員会により「憲法改正草案要綱」が作成され、GHQへと提出された。

しかしGHQの最高司令官ダグラス・マッカーサーは、日本側草案要綱を受け入れられないとして廃案にし、GHQによって新たな憲法改正草案（マッカーサー草案）を作成したのである。時の政権である吉田茂内閣は、英文で書かれたマッカーサー草案を政府草案として採択することを強いられた。そして和訳版マッカーサー草案が「政府版憲法改正草案」として帝国議会で審議・可決され、1946年（昭和21年）11月3日、大日本帝国憲法は改正され日本国憲法として公布され、1947年（昭和22年）5月3日から施行されたのである。

GHQ側で憲法改正草案を作成するにあたり、マッカーサーは作成を担当するGHQ民政局に対し、ある項目を必ず盛り込むよう命じている。それは、いかなる場合においても日本は交戦権を放棄する旨の条項である。そしてそれは、第9条1項および2項に、ほぼマッカーサーの指示に近い文言で盛り込まれたのである。

この時、マッカーサー草案の作成を担当したGHQ民政局職員は、わずか25人。そのうち弁護士資格を持つ者が4名いたものの、憲法学を専攻したものは1人もいなかったのだ。言うなれば憲法の素人が作成したわけだ。さらに驚くべきは、マッカーサー草案の作成が開始されたのが1946年（昭和21年）2月7日、昼夜を徹した突貫作業によって2月12日には完成に至っているのである。わずか5日間でアメリカ人の素人集団が徹夜で作ったものを和訳したのが私たちの憲法なのだ。しかも改正ではなく、全くの新法形式で作り替えられてしまっているではないか。

わずか5日間で戦後の国政のあるべき方向性などを綿密に考えて作成できるはずがない。そもそも日本人が作成した憲法草案要綱は捨てられているのだ。「こんな感じでいいんじゃない」といったノリで作られたに決まっているのだ。現に、憲法草案作成スタッフたちは当時、集められるだけの世界中の憲法典や国際条約集などの書籍を取り寄せている。恐らく、今風の言い方をするならば、世界各国の憲法や条約の使えそうな文言や条項をコピペして作られたのだろう。

新憲法制定から約75年が経過してもなお、私たちは憲法の文言を一字も変えられないままでいる。もしも、憲法草案作成を担当した当時のGHQ民政局職員が、そのことを知ったら何と言うだろうか。

「は？　マジ？　まだ、そのまま使ってんの！」

と、腰を抜かすかもしれない。

歴代最長となった第二次安倍政権であったが、憲法改正に至ることはできなかった。憲法改正論議の本丸は、何と言っても「第9条」の改正だ。

憲法改正問題には賛成派と反対派が存在しているが、こうしたマッカーサー草案作成の背景を知っていれば、日本人の手で日本人のための平和憲法を作り直すべきじゃないかと思うのが自然であろう。たとえ、それがマイナーチェンジだとしても。

それなのに、今の日本には「憲法改正＝戦争で国民が死ぬ」という護憲派のインチキなプロパガンダに洗脳されている人が未だにいて、憲法論議が深まらない一因になっている。

多くの国民が歴史的事実を知らないということが、物事を考える上でいかに不幸なことかということがわかる。

○GHQの教育改革～墨で塗られた教科書～

かくしてGHQは日本に対して新しい憲法を押しつけた。それは僅か5日で仕上げた憲法であった。GHQの最大の目的は、日本の非武装化と日本人を骨抜きにして、二度と欧米諸国に歯向かわさせないことだ。そのための政策が「日本の民主化」という大義名分のもと実施されていくのである。

公職追放政策に始まり、農地改革、財閥解体、国家神道の廃止、選挙改革など様々な分野で「日本の民主化」は進められていった。中でも最も日本民族を骨抜きにするための民主化政策は「教育改革」ではないかと思う。

まずGHQは文部省（現・文部科学省）に対して、当時の国民学校（現・小学校と中学校）で使用している現行の教科書をすべて廃止にすること、改訂教科書を作成し使用させることを命じた。しかし、検閲された新しい教科書を配布するには時間を要する上、当時の日本は深刻な物資不足に見舞われており、教科書用の印刷用紙が全く足りない状況にあった。その状況においてすべての教科書を廃棄させては授業ができないということもあり、現行教科書を使用することが許された。ちなみに地理・歴史・修身の3科目については教科書廃棄となり、新しい教科書ができ上がるまで授業ができない状況であった。

諸々の事情により現行教科書の使用は許されたものの、GHQの検閲によって教科書の大部分が削除対象となったのである。そのため、児童は教員指導の下、削除対象箇所を墨で真っ黒に塗りつぶして使用した。俗に言う「墨塗り教科書」である。

この教育改革の目的は日本の弱体化である。したがって国語の教科書であっても「武士道」に関する記述や武人の心得を記した箇所は墨塗り対象となった。例えば「平家物語」のページなどはすべてが墨で塗られた。また天皇礼賛に繋がる言葉も墨塗り対象である。例えば「ウサギとカメ」の逸話において、カメがウサギに勝利した際の「バンザイ」というカメのセリフが天皇礼賛に繋がるものとして墨塗り対象となった。さらには、お祭りの風習を教える箇所も神道に由来するため、軍国主義に繋がるという理由で黒く塗られたのである。

このように教育改革という名の「思想の統制」「言葉狩り」「歴史の歪曲」は徹底して行われた。加えて、戦後の労働改革によって労働組合が浸透し、教職員の労働組合「日教組」が誕生する。もともと「日教組」は教育労働者の組合であったが、組織として左翼的政治思想を展開し、教育方針についても大きな影響力を持つようになる。そのため「平和教育」という名の自虐史観洗脳が今日まで行われ続けている。

私たちは未だに隣国、とくに韓国との間で戦後賠償に関する問題を解決できないでいる。これは韓国政府が戦後補償問題を外交カードとして使っていることが原因だという見方もあるが、私たち日本人が思想を統制され、言葉を制限され、自虐的な歴史観を植えつけられた結果、隣国との戦後問題に関心を持たず、真実の歴史を知らされないまま空しく時間を浪費してきたことも大きな原因ではないだろうか。

∞ どうして学校の給食は、毎日牛乳を飲まされるのか？

先述の通り、戦後の日本の学校教育はGHQによるWGIPの影響を大いに受けたわけだが、それ以外にも国民生活や文化に影響を及ぼす占領政策がある。それが学校給食である。

私は小学生の頃、学校とは給食を食べに行くところだと思っていた。決して勉強しに行っている感覚はなかった。したがって、毎日の給食の献立以上の関心事はなかったのである。

しかし、当時の私にはある疑問があった。それは、**どうして毎日、給食に牛乳が出るのか？**という謎である。当時、周りの同級生たちに聞いたわけではないが、同じように疑問を抱いていた人もいたのではないかと思う。なぜなら私の育った家庭では、毎日の朝食・夕食時に牛乳を飲む習慣がなかったからである。至って普通の家庭に育ったので、食生活の水準も一般的だと思うのだが、夕食は基本的に米飯食が多かった。しかし米飯と牛乳を一緒に食することはなかった。味の組み合わせとして、炊きたてのご飯と牛乳は合わない。献立の好みを言い出すとキリがないのだが、基本的にご飯や麺と牛乳は相性が良いとは言えないだろう。だから、一緒に食べることはない。米飯食に限らず、イタリアンやフレンチのお店に行っても牛乳と一緒に食事をしている客を私は見たことがない。「毎日、牛乳かけご飯を食べている」という方もいるかもしれないが、それはもの凄く稀な食生活である。しかし、学校給食では、米飯かパンかを問わず、またおかずの和洋を問わず必ず牛乳が供される。お茶や水ではなく必ず牛乳である。

このように考えると、学校給食はおかしな組み合わせの献立が毎日提供されていることがわかる。給食のない日（昔は土曜日も半日授業があった）でも牛乳だけは飲まされた。そんな無駄なことを私たちは、戦後70年以上も続けてきた。

そもそも学校給食はいつ、どのようにして始まったのだろうか。これにも戦争が関係している。というのも、敗戦の年は世界的な穀物不足ということもあり、敗戦国である日本は極めて深刻な食糧難に見舞われた。とくに都市部においては児童の栄養状態も悪く、その様子はGHQによってアメリカ本国に伝えられた。そこでユニセフなどの国連機関の前身でもある連合国救済復興機関がGHQに対して、日本において学校給食制度の設立を提案し、それがきっかけとなり、GHQと日本政府が学校給食制度に向けて協力した。

ララ物資（日系アメリカ人を中心とした日本救済計画の援助物資）をはじめとする食糧、とくに小麦と脱脂粉乳がアメリカの援助によって提供され、まずは大都市部の学校給食がスタートし、やがて全国の学校へと普及していった。

と、このように解説すると、「アメリカ様の温かいご支援によって日本の子どもたちが飢えずに済んだ」と思ってしまう。確かに、アメリカの援助物資によって児童の栄養状態は改善したかもしれない。ただし、アメリカにはアメリカの思惑があったのである。

◎目的思考で読み解くアメリカの「パンと牛乳」戦略

第二次大戦終結直後からアメリカ本国では過剰生産のため、小麦や牛乳があまり始めていた。そこで余剰農産物処理法（農産物貿易促進援助法、ＰＬ４８０法）を制定し、食糧事情の悪い日本に目をつけ余剰物資を買わせることに決めた。当初は敗戦国への食糧援助として始まったのだが、毎年提供量を減らし、その減った量の小麦と脱脂粉乳を日本政府に買わせていくのである。

アメリカによるこのＰＬ４８０法の戦略は、相手の弱みにつけ込んで利益を得るという意味ではよくできている。ＰＬ４８０法では、日本政府は小麦と脱脂粉乳の購入代金を「ドル」ではなく「円」で支払うことができるのだ。敗戦国の日本には十分な外貨準備がなく、自国通貨で支払えるとなれば日本側は飛びつかないわけがない。しかし、当時の「円」は世界では全く流通しておらず国際決済通貨としての信用はなかった。そのような通貨で支払われてもアメリカは何の得にもならないはずだ。

アメリカの目的は、現在国内に余っている小麦と脱脂粉乳を売りさばくことではなかった。目先の問題解決ではなく、長期的な利益の確保を企図していたのだ。PL480法には、あと2つ重要な条項がある。

①支払われた代金は、その国でアメリカの農産物等の広告宣伝および市場開拓費として自由に使える

②アメリカの余剰農産物は、貧困国の学校給食への無償贈与に用いることができる

この2つの条文があれば、アメリカは「円」で支払われても構わない。実際にアメリカは日本のメディアを使って「米飯食よりもパン食の方が、栄養価が高く健康的だ。体格も良くなる上、頭も賢くなる。パンを食べなければいけない」というプロパガンダを展開した。その結果、日本人の食生活は米・野菜・魚中心から小麦・肉・牛乳などの欧米型へと変わっていった。また学校給食にパンと牛乳を提供することで、子どもたちは幼少から欧米型の食生活が身についてしまう。幼少期に身につけた習慣はそう簡単には変わらない。したがって、子どもたちが大人になってもずっとパンと牛乳を食べ続ける人間になるという狙いもあったのだ。

復興が進むにつれ無償提供が終わった後も、日本政府は自国通貨で小麦や脱脂粉乳を買い続

け、その代金でアメリカはプロパガンダを垂れ流した。空腹の日本国民は疑うことなくパンと牛乳と肉中心の食習慣に染まっていったのである。戦後、日本人に増加した様々なアレルギーや病気はこの欧米型の食習慣が関係しているという研究結果もある。一方のアメリカは、表向きは日本の児童を飢餓から救済してくれたと感謝されながら、国内の余剰農産物を日本に買わせ続けることで自国の農家に儲けさせる目的を果たしたのであった。

このように解説すると、アメリカの策略によってアレルギーや成人病が蔓延し、日本が弱体化させられたと受け取れる。ただ、仮に日本が勝っていたら現代病を患わなかったかというと、それはそれでわからない。いずれにせよ、小麦と脱脂粉乳の無償提供と学校給食制度にはアメリカの善意と策略の両方の意図があるということだ。また、学校の授業では、アメリカの善意ある政策は教えても、余剰食糧を日本に買わせ続ける策略は教えないわけで、そこにも意図がある。多くの出来事は誰かの意図によって創造されているのだ。そのことは間違いのない真理だと思う。だから、**「どうして毎日、給食に牛乳が出るのか？」といった素朴な疑問は、バカを脱出するための良い疑問なのである。**この「意図」を汲み取るということが「考える」ということなのだ。

08 「正しく解答する」ための詰め込み偏差値教育は、日本人のあるべき姿か？

ＧＨＱが占領政策で行ったのは、勝手に作った憲法を押しつけたり、余剰農産物を表向きに善意の顔をしながら強制的に売りつけて、日本人を不健康にさせただけではない。国家として最も重要な「子どもの教育」にも手をつけたのだ。

日本を占領したＧＨＱは１９４５年（昭和20年）10月から「教育に関する四大指令」なるものを発令していく。それは次のような内容であった。

◇第一指令「日本の教育制度に関する管理政策に関する指令」

まずＧＨＱは当時の文部省に対して、ＧＨＱの指令にしたがって政策を実施し、その結果を報告するよう命じている。つまり、文部省はＧＨＱの下部組織となったことを意味している。

◇第二指令「教員および教育関係者の調査・除外・許可に関する指令」

これはいわゆる「公職追放政策」の一環で、教職員や文部官僚の思想調査を実施し、軍国主義や国家主義的思想の教職員、ＧＨＱの政策に反対する教職員や文部官僚を解雇・追放し、公的機関への再就職を禁止するよう命じている。この指令によって全国95万人もの教職員と文部官僚が適格審査を強要され、3000人が不適格者の判定を受け、さらには約20万人の教職員と文部官僚が辞職した。

◇第三指令「神道に関する指令」

この指令によって、学校での神道行事の禁止と神道の意義などを教えることも禁じられた。加えて、天皇家に関することや日本の歴史・伝統の素晴らしさを教えることも禁じられた。

◇第四指令「修身、日本の歴史・地理の授業停止に関する指令」

この指令によって、道徳教育である「修身」は廃止され、歴史・地理に関してはGHQの許可が下りるまで授業は停止された。

この教育に関する四大指令を通じてGHQは日本人にどのような影響を与えようと画策していたのだろうか。それを示す具体的な指示書や計画書などはないので、状況証拠から推察していくしかないのだが、学校での神道行事の禁止・神道を学ぶことの禁止・修身の授業を廃止したことから考えれば、日本人特有の精神性と感性を鈍らせ、心の拠り所を奪ってしまうことが狙いだったと言える。何かを深く信仰し、それをベースに確固たる人生観を構築することは、主体的に人生を生きることに直結すると私は思うのだが、そういった精神性を破壊することを企図していたと考えられる。加えて、正しい歴史認識ではなく「自虐史観」を植えつけることで、先人への尊敬や感謝の感性を鈍らせ、先人との繋がりを断絶させる狙いもあったのである。戦前までと戦後とでは、同じ日本人でも全くの別物に作り替えられてしまったと言える。

この四大指令に基づいて作られた教育基本法によって、戦前までの日本の教育の質は大きく変わってしまったと言っていい。**戦前までの日本では「系統学習」といって、物事の成り立ちや現象について「なぜ、そのようになるのか。それがどのような結果を招き、未来にどんな影響を及ぼすのか」といった物事の系統や論理を学ぶことが重視されていた。**ところが、**戦後の教育では「問題解決型学習」が基本となった。**要するに、求められた答えを正確に答えることができるかどうかである。したがって、**大量に暗記して答えを詰め込むことが学習の柱となったのである。**「〇か×か、良いか悪いか」といった二元論的思考であり、求められたことだけを正しく行う発想になっていき、自らものを考え、未来へと展開させていく能力は育たない。

GHQが行った日本の教育改革とは、マインドのないロボットのような機能を果たす日本人を大量生産することだったのである。

∞あなたの思考や価値観はマスコミが創っている

突然、話は変わるのだが、私はテレビが大好きな子どもであった。幼少期から青春期にかけての1980年代から2000年くらいまで、テレビを観ない日は1日もなかったと言えるくらいテレビばかり観ていた。最近のテレビ番組をほとんど知らないので比較することはできないけれども、当時のテレビ番組は面白いものがけっこうたくさんあったのだ。バラエティもアニメもドラマもテレビ史上に名を残すような名作がいっぱいあった。音楽番組も映画番組も各局で毎日のようにやっていたし、生放送番組も多かった。毎週日曜日にはプロレスも放送していた。

しかし、2001年頃から段々とテレビを観なくなり、今では全くと言っていいほど観ていない。その頃からインターネットが普及し始めたというのもあるが、私がテレビを観なくなっていった理由はテレビを信じなくなっていったからだ。信じなくなっていったきっかけは「9・11」である。

「9・11」とは2001年9月11日にアメリカで起きた同時多発テロ事件の通称である。この日を境に世界は「テロとの戦い」というモードにシフトした。本書のテーマから乖離するので詳細については割愛するが、この「9・11」というテロ事件は、「ヤラセ」である。決して陰謀論の類いではない。

当時、ハイジャックされた2機の旅客機がニューヨークのワールド・トレード・センター・ビルに突っ込むシーンと、その後の2棟の超高層ビルが垂直に崩れ落ちる様子をテレビは何度も映し出していた。それはあまりにも衝撃的過ぎて、私たち庶民は「思考停止」にさせられてしまった。冷静になって少し考えれば、おかしな点はたくさんあるのだが、連日のようにテレビは、旅客機がビルに激突するシーンと超高層ビルが垂直に崩壊していくシーンだけを延々と垂れ流すだけなので、視聴者である私たちはそれ以上の分析もできないまま「思考停止状態」だったのである。そして当時のアメリカ大統領がテレビを通じて、テロとの戦いと報復を宣言すると「思考停止状態」の世論は簡単に動いてしまった。そして、その後20年間も続くアフガン戦争・イラク戦争へと突入していくことになる。

21世紀になってから、これほどまでに世論形成・世論誘導にテレビが有効に機能した例は他にないのではないかと思う。旅客機が激突する様子やビル崩壊の瞬間が、偶然にしてはあり得ないくらいのベストショットでカメラに収められている。しかも一箇所ではない。ヘリコプターを含むいくつもの地点からそれぞれベストショットで撮影されている。だから、どれもが映画のワンシーンのように「衝撃的」なシーンとして映っている。また専門家やコメンテーターがニュース番組に出演し、テロリストの手口や狙いを解説したり、ビルの崩壊が不自然なことではなく至極当然のことのように解説する。そのようなマスコミ報道が連日のように繰り返された結果、私たちは無意識のうちに思考や感覚をコントロールされてしまったと言っていい。

実際、多くの人々の意識の中に、「イスラム原理主義過激派のテロリストは、非常に残虐かつ暴力的で、目的のためなら手段を選ばない恐ろしい組織だ」という固定観念が植えつけられたのではないだろうか。事件当時の私もすっかりマスコミ報道に洗脳されており、イスラム教や中東のアラブ人に対して偏見を持っていたし、「被害者」であるアメリカが報復することは当然の権利であり、世界平和のために野蛮なイスラム原理主義のテロ組織など全滅させなければいけないとすら考えていたほどなのだ。

しかし、真実はそのようなものではない。野蛮で残虐な犯罪組織は人種に関係なくどこにでもいるし、イスラム教にも様々な宗派があり総じて平和的で敬虔な信仰者がほとんどだ。また、欧米と中東の経済的な結びつきは強固で基本的に相互依存の関係性を維持している。つまり、世界は基本的には上手く成り立っているのである。ところが、テレビ・新聞などのマスコミによってミスリードされ、私たちの頭の中には「分断された世界」「対立する世界」「戦わなければ殺される世界」が創られていくのだ。

アメリカによって「9・11」テロの首謀者と断定されたビン・ラディンは、かつてアフガニスタンに侵攻したソ連軍と戦闘を繰り広げていたが、ビン・ラディンの背後にあって軍事的・経済的に支援していたのはアメリカである。また、「9・11」テロ事件の首謀者としてアメリカから名指しされた際にも、衛星テレビを通じて事件への関与を明確に否定していた。しかし、そのような情報は知らされないまま、私たちはマスコミが創り出す特定のプロパガンダを信じ込んで暮らしているのだ。そのプロパガンダの誘導によって、**私たちの価値観はおろか、物事に対する考え方まで影響を受けている**のだ。その役割を担っているのがテレビと新聞であるということを、ちゃんと理解した上で情報をインプットしなくてはいけない。

◎他人思考・他人価値観は気持ちいい

GHQによる戦後の教育改革によって私たち日本人は、それまでの「系統学習」から正しい解を導き出す「問題解決型学習」へとシフトした。そのため基本的な学習スタイルは「情報を記憶すること」だ。そこでは、限られた時間の中でいかに正しく解答したかが重要な能力として評価される。極端に言えば、必要のないことや求められていないことについて興味を持ったり、深く考察したり推論したりすることは、評価の対象にならない無駄なことなのである。

私は、このGHQによる教育改革とテレビ・新聞が、現代の日本人に見られる「他人思考・他人価値観」の生き方に大きな影響を及ぼしたのだと思っている。これは私の勝手な定義なのだが、**「他人思考・他人価値観」とは、自分の頭で考えるよりは誰かに考えてもらって、誰かに決意・決断してもらいたいと思う生き方のことであり、また誰かの価値観に便乗して決意・決断することを望む生き方のことだ。**

自分はそんな主体性のない生き方はしていないと思うかもしれないが、私は日本人のほとんど、大袈裟ではなく全体の9割くらいが「他人思考・他人価値観」の生き方を無意識レベルで望んでいるのではないかと思っている。

日本人は他人に対して自分の意見や考えを表現するのがあまり得意ではないし好まない。それは自分の意見や価値観を表現することには責任も伴うので、責任を負いたくないという発想なのだと思っていた。しかし、そうではなく、**単純に、自分の意見や考え、ベースとなる価値観がどこにもない**からなのだとわかってきた。例えば、大勢で行う会議の場で意見を求められた時、自分が最初の発言者の場合は、はっきりとした意見がなければ「何と答えたらいいだろう……」と悩む人は多いと思うのだが、逆に**誰かが先に意見を表明してくれている場合には、あまり悩まずにけっこうな確率でその意見に便乗するか寄せていく人が大半**なのだ。がんばって反対意見を述べるなんてよっぽどの場合であろう。

なぜ日本人には自分の意見や考え、自分なりの価値観を持ってない人がたくさんいるのだろうか。私なりの答えとしては、**今までに「自分の意見や考え」について真剣に意識を向けたことがないからだと思っている。やったことがないことはできないのだ。**

かく言う私も、人生の途中までそうだったのだから、他人のことを批判できる立場ではない。

日中は学校で知識の詰め込み学習をやって、帰宅したら宿題もせずにテレビばかり観ていた。知識を教わるだけの授業では、「なぜ自分の意見を持つべきか」「どうすれば自分の考えや価値観に気づけるのか」は全く教えてはくれない。どちらかと言うと、**教えられた通りにすることや周囲の人と同じようにするべきである**という価値観を教えられる。テレビも同じで、自分から主体的に何かを考える必要などなく、ただ電源を入れさえすれば、あとは勝手にテレビの方で笑わせてくれたり、泣かせてくれたり、意見や価値観なども与えてくれるのである。

高度経済成長期を迎えた1970年代には日本の多くの家庭にテレビが普及し、それまでの生活と比べてテレビを観る時間は圧倒的に増えたのだ。１人当たりの1日の可処分時間は変わらないので、その分だけ自発的に何かを一生懸命に考える時間は減っていることになる。学校で「方法と答えを与えられることに慣れきった脳ミソ」を植えつけられた私たちは、テレビが垂れ流す情報（ファッション、音楽、お笑い、ドラマ、映画、食べ物など）を何も考えずに受け取っていればいいだけなのだ。どの番組を観るべきかについても悩む必要はない。友だちの多くが観ている番組をチェックしておけばいいのだから。

極端に言えば、テレビが自分に代わって情報を選んでくれるし、何が良くて何が悪いかも教えてくれる。どんなファッションや音楽が素晴らしくて、休日にはどこに出かけるべきか、どの映画を観て泣いて、健康のために何を食べなければいけないのかを決めてくれるのだ。そりゃ、クセになるはずである。

テレビほどの幅広さや娯楽性はないかもしれないが、新聞や週刊誌も似たような役割を担ってきた。一面トップにデカデカと文字を並べるだけで、大したことのないニュースも、もの凄く重要な情報のように感じてしまう。上から目線の偉そうな文章で世相を斬る社説などを読めば、自分も賢くなったような気になり、バカな私たちはその論説を疑いもせず鵜呑みにしていないだろうか。自分では何ひとつ論じることもできないくせに、「今朝の新聞に載っていた」と言えば何となくマウントを取れるし、新聞に代弁させておけば、バカがバレずに済む。私たちにとっては、そこが一番重要なんじゃないのか。

私たちは無意識のうちに、自分の代わりに誰かに考えてもらいたいし、自分の代わりに決意・決断してもらいたいと思って生きている。**他人思考・他人価値観という「与えられ脳」の欲求を見事に満たしてくれるものがテレビや新聞なのだ。**だからテレビや新聞は気持ちいいのだ。そのことを自覚している人が日本人の中にどれだけいるだろうか？

◎教育が創り上げた社会主義先進国「右倣へ、日本」

前述のように、GHQの教育改革によって我が国の学校教育では「問題解決型学習」＝詰め込み学習が行われ、「求められた通りに正しく解答する」生徒が高く評価される教育システムを創り上げた。テスト問題に対する正しい答えは必ず1つしかなく、誰もがその「正しい答え」を導き出すための解き方を覚えることを「勉強」と呼ぶのである。それができない生徒は「学力の低い人間」として評価され、「偏差値」という物差しで自分が全体のどのレベルに位置しているのかを示された。

「偏差値」という物差しは全体の平均（普通）がどの辺りにあって、自分はその平均より上なのか下なのかを判断するためのものなのだが、世間一般の理解としては、偏差値が高ければ「賢い人」で、平均値より下に行けば行くほど「バカな人」という認識だと思う。しかし違う言い方をすれば、偏差値が高い人は「頭脳明晰かもしれないが、もしかすると求められた通りに正しく振舞うのが得意なだけ」と言えるかもしれないし、低い人は「バカかもしれないが、もしかすると型にとらわれない自由な発想で可能性に満ちている」と言えるかもしれない。

余談はさておき、この「偏差値」が日本人に多い「他人思考・他人価値観」の生き方を助長したのではないかと私は考えている。何と言えばいいのか、日本人特有の「はみ出さない」生き方、「上手に交ざる」生き方のようなものを創り上げた。偏差値を上にはみ出していくのは大変だが、下にはみ出すのはカッコ悪い。その他大勢と同じ範囲にいれば、何となく安心できる。自分と同じような扱いを受け、同じような価値観を持ち、同じようなレベルの人生を生きる人が多いと、マネをすればいいので、人生に迷うこともないし大失敗する危険も少ないから安心なのだ。

兎角、私たち日本人は他人と比較してバランスを取る生き物だと思う。それは他人と自分を比較して優れていたいというよりは、**他人と同じでありたいと思う人の方が多い**ということだ。これは生存本能というか、**群れることで安全を確保する**ということもあるが、やはり戦後の教育のあり方が現在の日本社会を創り出し、新聞とテレビがそれを後押ししてきたことは確かである。

ＧＨＱの目的は、二度と白人に立ち向かってこないように日本人を叩きのめし、アメリカの言う通りに考え行動する国民に再教育することであった。自分の頭で勝手に考えたり、自分の意見を主張することのないように、学校とマスコミを使って国民を洗脳してきた。ルールや規律をしっかり守り、自己主張は控え目で、常識から「はみ出さない」生き方が正しいという価値観を与え続けてきた。そして見事に「他人思考・他人価値観」で生きる日本人を大量生産することに成功してしまったのだ。その結果、**自由主義陣営のリーダーであるアメリカが創った日本人の多くは、皮肉にも、結果として社会主義色の強い国民になってしまった**のである。

2020年以降、新型コロナウイルス感染症が世界中で猛威を振るっており、今なおコロナパンデミックは終息する気配すら見えない状況にある。世界各国では都市封鎖が行われ、2021年8月時点で、我が国でも4度目の緊急事態宣言が発令中だ。テレビは国民の危機意識を煽るために連日、新規感染者の発生状況をひたすら報道している。そして時短要請に応じない飲食店や夜の街に繰り出す人々を指して、まるで「非国民」であるかのような批判を展開している。これこそ、バカそのものであろう。

その甲斐あって、世間には一定数の「マスク警察」や「自粛警察」が存在しているようなのだが、果たして多いのか少ないのか、その実態はよくわからない。ただ、**日本政府とマスコミ**

が醸成した「自粛が正しい」という空気感が全国を覆い尽くしていることは間違いない。そして**「正しい」ことしか選択できない日本人の多くは、それほど抵抗感なく誰かが下した判断に従う**のである。与えられた情報や政府の判断が、本当に正しいものなのか、納得できる根拠は示されているのかといったことには拘らない人が大半だ。それどころか、全体から「はみ出す」ことを許容できないので、気づかないうちに自分も「自粛警察」の仲間入りを果たしているのである。「無意識の自粛警察」はけっこう多いと思うのだが、あなたは違いますか?

この新型コロナウイルスを巡っては、様々な情報が飛び交っている。とくにインターネット上にはマスコミが垂れ流している情報とは全く異なる見解の情報が溢れており、科学的根拠に基づく信憑性の高い情報からトンデモ陰謀論まで様々だ。しかし、多くの日本人は「他人思考・他人価値観」の「与えられ脳」なので、自ら情報収集して自分の頭で考えて結論に至る人は極めて少ない。何が正解で、この先どうすればいいのかを自分の代わりに政府が考えるべきだと思っているし、必要な情報は全部テレビが与えてくれているものと信じているのだ。その結果、この国がどうなってしまうのかは、身をもって体験しなければなるまい。

こんなに厳格にほぼすべての国民がマスクを着用している国は日本をおいて他にないだろ

う。パンデミックになってから一度も暴動が起きない国も日本をおいて他にはない。**私たち日本人は、中国人以上に社会主義が性に合っているのかもしれない。**ある意味、ＧＨＱの占領政策以前から、私たち日本人は社会主義傾向が強かったのかもしれないが、しかし戦後の教育改革とマスコミが私たちに及ぼした影響は大きい。

いつ、どのような経緯で私たちがこの「他人思考・他人価値観」の「与えられ脳」になってきたのかを構造的に考察し理解しなければ、それを手放すことはできないのである。

【思考法のヒント①】

❖あなたはどんな歴史に興味を持っていますか？

□現在の世界を創り出した原因は過去の世界にある
□様々なニュースを読み解くためには歴史を学ぶことは必須である
□とくに近現代史は重要
□歴史を知らずして未来を見通すことは不可能である

Hint '01

第2章

ニュースから、この世の構造を知る——［世界］

∞「漠然とした不安」じゃ物足りない

私は「与えられることに慣れきった脳ミソ」を略して「与えられ脳」と呼んできた。また別の観点で言うのならば、「何でもテンプレートを必要とする型にハマりたい脳ミソ」略して「テンプレ脳」と呼んだりもしている。

第1章で解説したように、日本人はGHQの占領政策によってアメリカ人が創った「日本国憲法」や教育改革などを押しつけられてきた。その目的は、私たち日本人を「自分の頭で考えない・自分の意思で決意決断しない国民」に作り替えてしまうことであった。そして、それから70年以上経った今、その作戦は見事なまでに成功したのではないだろうか。

本書を執筆している現在、世界中で新型コロナウイルスが猛威を振るっている。気がつけば、世界中の人がマスクを着け、外出を控え家に閉じこもってしまった。世界中の人々にマスクを着用させることが、こんなに簡単だったとは夢にも思わなかった。

新聞やテレビといった主要マスコミは連日、新規感染者数が日に日に拡大しているかのような演出報道に精を出している。例えば「新規感染者数、月曜日としては過去最大！」とか「重傷病床使用率115％」といったように、少し冷静に考えれば何のこっちゃよくわからないニュース見出しを使っている。ニュースのキャッチコピーを考えた編集者の頭が悪いからではない。これは「国民の不安を煽る」ためのニュースなのだ。**「国民の不安を煽る」ことが目的なのであって、**真実を理解させるためのニュースではない。

例えばテレビの場合、国民の不安を煽れば煽るほど視聴率が高くなり、視聴率が高い番組ほど「視聴者から信頼されている」度合いが高く、そしてそれはそのまま「優秀な番組」ということになる。だが、単に「視聴率が高い」ことと「ニュース番組として優秀」であることは必ずしも比例するわけではない。

しかし、**テレビや新聞というものは、その本質においては「広告」のプラットフォームなのだ。**だから、単に「視聴率が高い」ということは、多くの人が注目して観ている状態だということであり、多くの人が注目している場所での宣伝広告ニーズは高く、「広告」のプラットフォームとしての需要が伸びるということでしかない。前章で「新聞・テレビはGHQによる洗脳の道具」であると指摘したが、その役割もあるけれども、それは新聞・テレビの利用価値としての機能であって、本人たちとしては「多くの人々の注目を創り出す」ことが価値の高い仕事なのだ。したがって「煽る」ことが仕事だということになる。良い・悪いの話ではなく、煽らなければやっていけないのだ。

このように観ると、マスコミが視聴者である私たちを煽ることが一番の問題であり、過剰に煽り過ぎたため、新型コロナウイルスを異常なほど恐れる社会になってしまったのだといえる。マスコミがもっと正しく報道を行っていれば、日本に今のような閉塞感は存在しなかっただろう。ただ、問題はそう単純でもないのだ。

私たちの多くは、なぜ新規感染者数を煽るように報じるテレビを毎日観てしまうのだろうか。それは**私たちの多くが「煽られたい」から**なのだ。

未知のウイルス感染症に対する漠然とした不安は誰の中にもある。しかし、妙な言い方だが、漠然とした不安では「物足りない」のだ。私たちは「漠然とした不安」をもっと確認したいのである。だから煽られたいのだ。そして自分が抱いている「不安」が「正しいものである」ということを確認したい欲求を持っている。つまり「ほら、やっぱり、そうだ！」と思いたいから、「漠然とした根拠なき不安」を煽るような情報に私たちは群がってしまうのである。

∞ 基本的に私たちは全員ネガティブ思考

「不安」が的中することを望んでいる人なんていないだろう。誰だって「不安」を回避したいはずなのだ。しかし私たちには、「不安」を回避すること以外に、もうひとつ別次元の欲求がある。それは「不安」が確かなものであることを確認したい欲求である。

人間の心理的欲求の構造を説明している「マズローの欲求五段階説」というものがある。それによれば、最初の欲求を「生理的欲求」という。これは「生命維持の欲求」であり、食べたい・寝たい・排泄したい欲求を表している。これがなければ生命を維持しようとするモチベーションが出てこない。

この「生理的欲求」がある程度満足すると次なる欲求が芽生え始める。マズロー博士はそれを「安全・安定の欲求」と説明しており、外敵や災害、病気などを回避して安全でありたい願望、そしてその安全な状態を維持・継続させたい願望を表している。これら「生理的欲求」と「安全・安定の欲求」とは生命維持に欠かすことのできない欲求なので、この欲求を満たそうとするモチベーションは非常に高くエネルギーも強力なのである。つまり生きていく上で非常に大事な心理的欲求なのだ。

したがって、程度の問題はあるが、楽観的に物事を捉えるよりは悲観的に考えた方が備えやすく、軽率よりは慎重に行動した方が無難であるということになる。いわゆるネガティブ思考というのは、そうした生命維持の欲求の表れであると私は考えている。つまりネガティブ思考を手放したポジティブシンキングな生き方には「命の危険」があるのだ。巷によくある「引き寄せの法則」的な観点は全く別次元の話になるので、ここではごちゃ混ぜにして考えないようにしてもらいたい。

話を元に戻すと、マスコミは新型コロナウイルスについて視聴者の「不安」を煽るようなニュースばかりを垂れ流しているけれども、一方で、私たち視聴者の多くが「生命維持の欲求」によって根本的にネガティブ思考なのだ。だから、マスコミに煽られて「不安」が大きくなるほど「安全・安定の欲求」が高まり、それを満たそうとするモチベーションも高くなるのだ。高まった欲求を満たそうとする状態は「気持ちいい」のである。

このように考えてみると納得がいくのではないだろうか。世界中のニュースや報道番組は基本的にネガティブなニュースを垂れ流す。「あれが問題だ」「こんなにも深刻だ」と私たちの「不安」を煽る。「今日も何の問題もありませんでした」なんて言う報道番組はきっと誰も観ないだろう。なぜなら「気持ち良くない」からだ。私たちは「不安」を探し出すことや「不安」を持ち続けることでモチベーションが出て「気持ちいい」のだ。

ちなみに、私たち日本人の8割以上がネガティブ思考の傾向にあるというデータがある。世界的に見ても日本人というのはネガティブ思考の民族なのだ。なぜそうなのかはわからない。太古の昔に酷い迫害を受け、生きるか死ぬかの瀬戸際を体験しながら極東の島国に辿り着いた歴史でもあるのだろうか。そしてそれが遺伝子に刻み込まれたのか。確かなことはわからない。ただ、安心を感じるセロトニンという脳内伝達物質が他の民族と比べて非常に少ないと言われている。

世界と比べても、とくに日本人はマスコミに煽られやすく、またネガティブな情報に夢中になりやすい民族だということなのかもしれない。

∞ハッシュタグ検索で、世界観は狭くなる

私は自分がユーチューバーだからということもあるが、YouTube動画を観ない日はない。絶対に毎日必ず様々なYouTubeチャンネルの動画をチェックして勉強させてもらったり、動画作りのヒントを探したりしている。個人的にはYouTubeを最も多用しているが、それ以外にTwitterやFacebookの投稿記事もよく見ている。

それらソーシャルメディアを利用していると「#○○」というキーワードが貼りつけられている。大半の人がよく知っていることなので詳しくは割愛するが、「○○」というキーワードで検索された時に見つけやすくするための工夫が施されているのだ。

SNSに限らず、インターネットで情報にアクセスするためには自分から検索をかけなければ目的の情報まで辿り着けない仕組みになっている。したがって検索能力が高いユーザーは短時間で目的の情報にアクセスでき、誰よりも質的・量的に優れた情報収集を行うことができるのだ。逆に言えば、検索能力が低いと自分の知っている範囲の狭い情報収集しかできないとい

うことだ。

とくにYouTubeでその傾向が強く出るのではないかと個人的には思っている。YouTubeでは何も検索しなければ、ただYouTube側が一方的におススメしてくる動画しか観ることができない仕組みになっている。また何かを検索し目的の動画を視聴した場合、その動画内容や検索ワードと関連性の高い他の動画がおススメ一覧に表示されるようになっている。つまりユーザーの知っている範囲の情報にはアクセスしやすいが、未だ知らないことや興味のないこと、想像できないことに関する情報（動画）とは出会いにくい構造になっているのだが、実際にどれだけのユーザーが自分の想像の範囲外にある情報へアクセスするために検索機能を使いこなしているのだろうか。

2020年のアメリカ大統領選挙ネタを取り扱っていた動画チャンネルのほとんどが視聴率を大幅に伸ばしたと言われている。私の動画チャンネルも小幅ながらも視聴率を伸ばしたのだが、コメント欄に寄せられた「視聴者の声」を拝見していると面白い現象に気がついた。

私のチャンネルも他のチャンネルと同様にトランプを支持する視聴者層が多かった。選挙に敗北したトランプ大統領であったが、その後の「政治・経済」チャンネルでは、トランプ大統領が選挙不正を暴いてディープステートたちを大量に逮捕するために「戒厳令」を発令し軍隊を動員するのではないかとトランプ支持派の間で噂になっていた。しかし、「戒厳令」は発令されることなくトランプ大統領は退任し、ホワイトハウスを退去したことが報じられた。そこで私は「トランプ敗北とバイデン新政権」をテーマとした動画を何本か配信したのだが、それらの動画に寄せられた視聴者コメントの中に以下のようなコメントがあった。

「水面下で戒厳令は発令されているはずだ。もっと調べて真実を報道する動画を創れ」

「光の勢力が勝ったことは間違いないのに、闇の勢力が勝利したという内容の動画は受け入れ不可能。チャンネル登録解除します」

そして、同じ「政治・経済」チャンネルを運営する他のユーチューバーさんのコメント欄にも、それと同様の趣旨の辛口コメントが見受けられたのだ。

意見や見解の異なる動画が気に入らないのであれば観なければいいだけなのだが、わざわざコメント欄に書き込んでまで「自分が認識していることと同じ内容の動画を創れ」「自分の代弁者として動画配信しろ」という文句をぶつけてきたのだ。

すべての視聴者がそうだとは思わないが、**ハッシュタグ（#）検索をして見つけ出したいの**

は、結局のところ自分が受け入れられる内容の動画や、自分と同じ価値観や意見を代弁してくれる動画なのだ。知らなかった情報や価値観を受け入れたり、自分の世界観を広げるために検索ワードを入力し情報収集しているのではないということを認識し直さなければいけない。

新聞やテレビのようなオールドメディアしか視聴しない人間は自分の頭で考える力を持たない「情弱」で、一方、YouTubeやTwitterなどのソーシャルメディアを活用して情報収集している自分は「目覚めた側の人間だ」と勘違いしているネットのオーディエンスは少なくない。眉唾物《まゆつばもの》の陰謀論が溢れているのはソーシャルメディアの方ではないか。自分の頭で考えるのではなく、誰かに考えさせておいて、自分は好きなものに単に賛同するだけの生き方しかできない人間があちこちに増えているということではないだろうか。

08 「天気予報」と「プロ野球の結果」だけは信じてやれ

重要なことなので何度も繰り返すが、敗戦後の日本ではGHQの占領政策によってかなり厳しい検閲が行われてきた。これは郵便物である個人の書簡にまで徹底して行われたと言われている。当然、マスメディアにおける検閲はもちろんのこと、言論統制や報道規制が敷かれてきたことは言うまでもない。

先述のように、GHQによる占領政策の最大の目的は「日本人が二度と立ち向かってこないよう骨抜きにしてしまうこと」である。自分の価値観や信念を持たず、自分の頭で考えることのできない国民にしてしまうことだ。そのためGHQは教育改革を行った。それだけに留まらず、主に新聞やテレビなどのマスメディアをコントロールし、国民洗脳や世論誘導のためのツールとして使ってきたのだ。GHQそのものは60年以上前に日本から撤退してしまったのだが、国民の思考力や判断力を奪い、都合よく世論誘導する装置としての機能をマスメディアは今でも担っている。

例を挙げれば枚挙に暇《いとま》がないが、例えば、新政権発足の組閣や内閣改造人事の直後で主要大臣の過去のスキャンダルを週刊誌が突然すっぱ抜いたり、あるいは会合やパーティなどの席上での発言を切り取って「問題発言」として報道番組が騒ぎ立て、内閣支持率の低下をやたらと強調する光景は我が国では恒例行事となっている。新聞・テレビ・週刊誌などの主要マスコミはこんなことを何十年と続けてきた結果、政治に対する国民の関心は見事に冷めきってしまった。国民が主体的に社会問題や国際問題と向き合い政治に参加することが、民主主義にとってもの凄く重要なことなのに、心理的に国民と政治は引き離されてしまったと言っていい。

また、史実とは異なる捻じ曲げられた歴史を創作し、間違った歴史観を垂れ流し続けた大手新聞社もあった。従軍慰安婦に対する軍や政府の強制連行を国民に印象づけ、その後、すべてが捏造であったことが発覚しても未だに大きな顔をして新聞を発行しているではないか。一日も早く潰れたらいいのにと思う。

先にも言ったが、新型コロナウイルス関連の報道にしたって、新規感染者数をアホみたいに毎日報道している。とにかく、国民の「不安」に火をつけるべく煽り立てているのだ。今、テレビや新聞が一生懸命になって報じている新規感染者数というのは正しい情報とは言い難い。

「新規感染者数が〇〇〇人超え」と報じられると、連日もの凄くたくさんの人が新型コロナウイルス感染症に罹患し、次々に病院に救急搬送された、医療崩壊寸前のイメージを抱いてしまう。しかし、現実はイメージとは全く異なっている。とくに日本ではみんな元気に暮らしている。理由は「新規感染者」の定義が間違っているからだ。

ＰＣＲ検査で陽性反応が出るとその人は感染者ということになる。だが、ＰＣＲ検査の特性上、陽性反応がそのまま「感染」を表していることにはならないのだ。事実、ＰＣＲ検査法を開発したキャリー・マリス博士自身が「感染の根拠に使ってはならない」と警告している。

誰がどのような意図でＰＣＲ検査陽性＝感染者と判断するように決めたのかは不明だが、マスコミは開発者のマリス博士の警告を一切報じない。それどころか、新規感染者数が減少すれば「ＰＣＲ検査の数が足りないからだ」と言い、感染者数が増えれば「自粛しない国民が悪い」と印象操作を行う。そして自分の頭で考えない国民ほど自粛警察となって社会の足を引っ張るのだ。そんな人間ほど我さきにワクチンへ群がっている。

新聞とテレビが報じるニュースの大半は「印象操作」や「世論誘導」の機能を果たしている。

そして先述のように、マスコミ自体は広告プラットフォームなので大衆の注目をたくさん集めるために「不安を煽る」ことで利益を上げ、また視聴者である国民も心理的欲求として「不安を煽られたい」ので注目するというネガティブな相関関係が成立しているのでタチが悪い。

新聞とテレビが報じる情報のうち、本気で真実に迫ろうとしているのは「天気予報」と「プロ野球の結果と解説」くらいではないだろうか。

∞ テレビは逆様で眺める

以前、私の兄弟がテレビ視聴率調査の会社で働いていたことがあり、年々、視聴者のテレビ離れが顕著だという話を聞いたことがある。私の周りでも、とくに若い世代でテレビをほとんど観ないという人が増えてきたように感じる。

最近、テレビに出演するような有名芸能人たちがこぞって、自身のYouTubeチャンネルを開設し、活躍の場を求めてYouTubeに参入しているように、視聴者だけでなく出演する側のタレントやスポンサー企業のテレビ離れも起きているのだ。お客さんがいなくなったので、そのお客さんたちを追いかけた先がYouTubeだったという構図だ。

YouTube参入の多くがお笑い芸人や俳優なので、今後YouTubeがテレビ化していく流れは避けられないだろうと思っている。したがってYouTubeにおいてもますます、広告主に忖度して様々な規制が強化されていくのは間違いない。もうすでに悪い意味での規制強化がかなり進行していることには、ユーチューバーとして危機感を覚えている。全くの無法地帯でやりたい放題なのは良くないけれども、中国のように都合の悪い発言や情報がすべて規制されてしまうならば、テレビが廃れたようにYouTubeもそれ以上のスピードで廃れていくだろう。

YouTubeについては第3章以降で触れるとして、話をテレビに戻そうと思う。先述のように新聞やテレビは権力者のためのプロパガンダの道具として存在してきた。ほとんどすべてのジャンルの番組が何かしらのプロパガンダである。音楽番組もバラエティも料理番組も健康情報番組もあらゆる番組が何らかの意図をもって制作されている。何も報道番組だけではない。テレビ番組は国民の「印象操作」と「世論誘導」を目的に制作されているのだ。

では、テレビは一切観ない方が良いのか？　と言えば、そういうことでもない。もちろん、何も考えずにボケーっと「観させられている」状態なら、今すぐ電源を切って、もっと有意義な時間の使い方を考えた方がマシだが、テレビを完全否定して、その代わりインターネットの中だけで情報に接するのも考えものだ。

インターネットによって私たちは無限の情報に接することができるようになった。しかし、インターネットは検索して自ら情報を取りに行かなければならない。したがって、検索能力の範囲内にある情報にしか接することができないのだ。**自分の趣味や価値観に近かったり、関連**

したりする情報ばかりになってしまう可能性が極めて高い。無限の情報に接することができるにも拘らず、自分の世界に自らを閉じ込めてしまう構造になっていることに注意を払う必要がある。

また、インターネット空間にある情報の中には、出所不明の眉唾な情報もかなり多いという問題もある。テレビや新聞も恣意的に情報を捏造したりしているので、そういう意味ではテレビ・新聞のように「印象操作」や「世論誘導」はないが、何でもインターネットの方が「真実」とか「正しい」と思い込むのは危険である。

大事なことは、意図をもって情報に接していくことだと私は考える。意図的でない情報収集は波に任せて漂うボートのようなものだ。前進しているような気になるが、進みたい方向には進めない可能性が高い。何のためにどんな情報をどれだけ必要としているのかを自分が理解していることが重要なのだ。それを理解していなければ、どれだけたくさんの情報を集めたとしても、どれだけ真実の情報に触れたとしても、分析して自分の中に「信念」を創り出すことは不可能だ。私たちは、ただ目の前にある「現実」を生きているのではない。「信念」が目の前の「現実」を創り出しているのである。

ちなみに私はテレビをほとんど観ないが、テレビの報道番組や政治・経済番組がどんな論調でどんな論点をどのように演出して伝えているのかチェックしている。そしてそれを真正面から受け取らず**「逆様にして眺める」**ようにしている。例えば、「新型コロナ感染症が終息しないのは、無症状の健康な若者がウイルスをばら撒いているからだ」とテレビが強調していれば「パンデミックが終息しない本当の原因は無症状の人がウイルスをばら撒くからではないのだな。そもそも本当に深刻な感染症が猛威を振るっているわけではなさそうだ。このパンデミックには何か目的があるはずだ」と考える材料にしている。つまり、**テレビの論調を逆様にして世界を観察すると、世界がこれからどうなっていくのか、私たちはどこへ導かれているのかといった巨視的な観点を手に入れやすくなる**と私は思っている。

◎「日本の借金問題」を問題視するという日本の問題

『日本の負債総額1200兆円。国民1人当たり約800万円の借金』

新聞・テレビが垂れ流すプロパガンダの代表格と言っていいのが「日本の借金問題」である。恐らくこの本を読んでくださっている読者の9割以上が「日本は世界一の借金大国だ」と信じているのではないだろうか。「民間（個人と法人）の保有資産が約1500兆円なので、国の借金がそれを超えた時点で財政破綻する」「財政破綻すると円は紙くずになって使えない」「将来世代にツケを残してはいけないので消費増税しなければならない」などという言い回しを当然のように受け入れてしまっている国民はもの凄く多い。

しかし、それらは国民を騙すための壮大なウソなのだ。「国の借金問題は何の問題もない」ということをこの項で解説する。とにかく「国の借金問題は何の問題もない」のだ。少なくとも、「国の借金問題」はあなたとは何も関係ないのである。

とは言え、詳しく解説するには紙面が足りないので、もの凄く掻い摘んでザックリした解説になることを許していただきたい。まず、新聞やテレビが解説する「日本の借金問題」プロパガンダのほとんどが「本当のようなウソ」なのだ。

『日本の負債総額約1200兆円。国民1人当たり約800万円の借金。将来にツケを残さず返済しなければいけない。だから消費増税は仕方がない。増税しなければ日本は破綻する』

プロパガンダを要約するとこのようになる。要約文の中で真実はひとつしか記されていない。唯一真実なのは「約1200兆円」の金額部分だけである。「日本の負債総額」ではなく正しくは「日本政府の負債総額」なのであって国民の借金ではない。そうすると下部の「国民1人当たり〜」という換算は何の意味もない文言だ。また、「将来にツケを〜」に関しても、政府は人間と違って寿命がないので、死ぬまでに完済しなければ息子に借金が残るという類いのタイムリミットはない。したがって、政府の債務残高が増え続けても問題はないのだ。問題がないのならば増税する必要はなく、それがために破綻も起きないのだ。

とは言え、約1200兆円もの負債総額は真実なので「やはり借金問題はある」と感じてしまう。だが政府には負債もあるが、資産もあるのだ。政府の資産総額は約700兆円と超巨大だ。したがって実質の債務残高は約500兆円ということになる。実質の負債総額はプロパガンダの半分以下ということだ。

そして最も重要なポイントは、日本政府に約１２００兆円もの「おカネ」を貸したのは誰なのかを理解することである。詳細なおカネの流れを説明するのは紙幅の関係で割愛するが、２０２１年3月末時点での財務省が公表している日本国債保有内訳のデータを見ると、償還前の全国債の約50％を日本銀行が保有していることがわかる。残りの約35％は国内の金融機関が保有し、約７％は海外の投資家が保有している。

日本銀行のホームページには「日本銀行は認可法人であって株式会社ではない」という説明が記載されているが、ここではわかりやすく解説するため、日銀を株式会社に見立てて説明したいと思う。日銀法で、政府の出資比率が55％を下回ってはならないと定められている。したがって、日銀の筆頭株主は日本政府ということになり、日銀は政府の子会社という立ち位置にある。通常、親会社と子会社は連結決算で互いの債権・債務が相殺されるので、約１２００兆円の約50％は相殺される。すると政府の債務残高は約６００兆円まで減少し、先述の政府資産が約７００兆円もあるので、日本は実質的に資産超過国であることがわかる。それでも残りの国債を国内金融機関や海外投資家たちが投げ売るかもしれない（あり得ないが）。その場合は、日銀が全量買い取ってしまえばよいのだ。日本国債はすべて円建て債券なので、誰が投げ売っても日銀が「円」を発行して買い取ることができるのだ。もしも、日銀が残りの約50％の国債を全量買い取ってしまえば、なんと、政府の「借金問題」は一気になくなってしまうのである。政府の借金総額は変わらないが、全ての国債を買い取ってしまえば日銀の資産がその分だけ増えるので、相殺されて親会社である政府は借金ゼロ状態となるのだ（別にそれが良いことではないが）。

しかし、私たち国民は「おカネ」のことについて考えるのが苦手というか、仕組みを何も知らないで生きている。つまり私たち国民が無知でバカだから、「日本の借金問題」という嘘だらけの問題を生み出し、それが緊縮財政や消費増税へと繋がり自らの国力を削いでしまったのだ。新聞やテレビは財務省に命令された通りにプロパガンダを垂れ流しているだけなのだ。**最大の問題はマスコミではなく、私たちが「バカ」であるということだ。**私たちが「バカ」を自覚し、「バカ」を卒業すれば、この国は復活すると確信している。

∞「日本人は平和ボケしている」と全員が思っている問題

2021年8月現在、米中関係の悪化に伴い台湾海峡を巡って米中軍事衝突の可能性が高まっている。アメリカ・イギリスを中心に欧州諸国と東南アジア・オセアニア諸国による軍事的な対中包囲網が着々と張られており、戦争前夜といった緊張感で世界中が注目している状況だ。

個人的に少し気になっているのが、我が国日本のスタンスである。4月に行われた日米首脳会談での共同声明に「台湾有事」についての文言が記され、日米共同で台湾を中国の侵略から守り抜くとも取れる声明が発表された。

仮に中国が台湾へ侵攻すればアメリカは必ず軍事行動を取る。台湾海峡と言えば我が国にとって目と鼻の先だ。その時、自衛隊は米軍と行動をともにするのだろうか。もし米軍の軍事作戦に拘われれば、友好的地域ではあるものの台湾という海外での武力紛争に日本が首を突っ込むことになる。それは「集団的自衛権」を超えて、「集団的安全保障」という次元の話だ。もちろん、「台湾有事」と尖閣諸島をはじめとする離島防衛は切り離せない問題ではあるが、憲法改正もしないまま、他国の武力紛争に拘わることは我が国にどんな影響を及ぼすのだろうか。私は護憲派ではないので憲法改正には賛成の考えだが、憲法9条の問題を残したまま戦争に拘わるのは反対である。

自衛隊の軍備だって大きく変わっている。今や空母型護衛艦を4隻も保有する海上自衛隊は世界屈指の強大な海軍だ。就役当初、防衛省は空母型護衛艦について「災害時の物資輸送が主目的。戦闘機の運用はせず、ヘリコプターしか艦載しない」と説明していたが、気がつけば最新鋭戦闘機F―35を艦載して運用することになっているので正真正銘の「空母」を2隻も保有することになる。「空母」という軍艦は、本国から遠く離れた場所で積極的に軍事攻撃を仕掛けるための軍艦だ。あの軍事大国ロシアですら「空母」を1隻しか保有していないのだ。「空母」好きの筆者としては日本が空母保有国になることは嬉しいのだが、しかし、国民の間に広く国防論議が起こらないまま軍拡を急いだり、他国の紛争に首を突っ込むことは危険だと言わざるを得ない。今や日本は、私たち国民の知らないところで、遠く離れた洋上で戦争を開始することができる状態であることを再認識しなければいけない。

さらに気になるのは、最新鋭戦闘機が発着可能な「空母」という超積極的な軍艦を保有することが決まったというのに、左派系のマスコミがほとんど騒ぎ立てない不気味さである。首相が靖国参拝するだけで「軍靴の足音が聞こえてくる」と問題視するマスコミ（耳の病気かもしれない）が、海上自衛隊が敵国を空爆するだけの戦力を獲得しようとしているにも拘らず、今回は耳の病気が治ったのか、「軍靴の足音」は聞こえていないようである。異様と言わざるを得ない。

前項で書いたように、新聞・テレビを逆様に読み解くとすれば、マスコミが問題視しない「空母保有」は「大問題」だということになる。私たち国民を無思考・無自覚なまま、する必要のない戦争へと巻き込んでいく「大きな力」が働いていると私には読み解けるのだ。

残念なことに、全人口の何割が平和ボケしているのかを調査した統計はない。しかし、日本人のほとんどすべてが「平和ボケ」していることを問題視している国民は多いのではないだろうか。実際に私自身が「尖閣領有問題」や「北朝鮮の核ミサイル問題」について様々な人々と議論していて必ずと言っていいほど耳にするセリフがある。

「日本人は平和ボケしている」だ。

「平和ボケ」している状態がどういったことを指すのかを具体的に解説できる人は少ないと思

うが、国民のほとんどが「平和ボケ」だと憂いている人はそこそこ多いということだ。

国民の多くが、互いに「みんな平和ボケしている」と思っている。しかし、互いに思っているだけで、とくに何も行動を起こそうとはしない。そんな生き様こそが「平和ボケ」なのである。

新聞・テレビが反日偏向報道ばかりやっていることも問題ではあるが、それ以前の問題として私たち国民の戦争への関心の低さや「日本人は平和ボケしている」と思うだけで何もしない生き方が問題なのだ。私たちが戦争に対して無思考・無自覚であるほど、新聞・テレビは容易に世論誘導を仕掛けられるのだ。つまりマスコミが「マスゴミ」なのは、私たち国民が「バカ」だからである。

∞ 所詮どっちも陰謀論

「陰謀論」という言葉が最近の検索ワードの上位にランクインしているらしい。たくさんの人が「陰謀論」というワードで何かを検索しているということだ。私も自分自身を大きな括りで纏めてしまえば「陰謀論業界」の人間ということになるのだろうか。本人としては「陰謀論業界の人間」という自覚はなく、むしろ素直に世の中を観察している人間だと思っているほどだ。

しかし、いわゆる「陰謀論」の中には、本当に何の根拠もないまま妄想だけで作られた話と思われるものもある。あまりに行き過ぎた陰謀論に対しては、さすがに私も自身のYouTubeチャンネルでアンチコメントをする場合もあるのだが、とは言え、それらが完全な捏造情報だと証明することもできないのだ。完全な作り話だと証明できない以上、「陰謀論」というレッテル貼りをすること自体が「陰謀論」という反論に反論できないのだ。

「そんなことは、あり得ない。考え過ぎだ」「何の根拠もない捏造だ。プロパガンダだ」と世間から「陰謀論」のレッテルを貼られたが、結果それが真実だった事例もある。「北朝鮮による日本人拉致事件」がそうである。

2002年に小泉政権が訪朝し、拉致被害者5名が帰国して初めて拉致事件が真実であることを世間は知らされた。未だに拉致被害者全員の帰国には繋がっておらず一向に進展しない事件だ。それ以前においては、「北朝鮮による拉致疑惑」を訴える被害者家族に対して「完全な捏造・陰謀論」と吐き捨てるマスコミや政治家もいたのだ。社民党（当時の社会党）や共産党などは「拉致疑惑」を党として完全否定していた。当時の社会党土井たか子党首は、拉致疑惑調査の陳情にきた被害者家族の情報を北朝鮮側に漏洩したり、失踪事件の捜査を止めるよう警察に圧力をかけ妨害までしていたという情報もある。国民に対する裏切り行為は「売国奴」と言わざるを得ないが、未だに社民党が政党として存続していることが信じられない。どちらかというと、当時の社会党系の政治家たちは立憲民主党に合流した連中が多いのだが……。

別な事例では、新型コロナウイルス発生源に関する議論で、中国の武漢ウイルス研究所で開発されたウイルスではないかという論調に対して、主要マスコミと一部の識者やインフルエンサーたちが猛烈にそれらを「陰謀論」と断定し、あくまで「海鮮市場で食されていたコウモリ由来説」を支持していた。しかし、結果的に武漢の海鮮市場ではコウモリは販売されていなかったことが判明したのみならず、オバマ政権時代に、アメリカ疾病予防管理センターで行われていたコロナウイルスの「機能獲得研究」を、370万ドルもの予算をつけて武漢ウイルス研究所に委託した経緯も明らかになった。「機能獲得研究」とは、ウイルスの遺伝子を操作することで、動物の体内で生きているコロナウイルスが種を超えて人間に感染する能力を高めたり、変異能力を高めたりする研究のことである。結局、自然発生したものがどうやって人間に感染したのかわからないばかりか、コロナウイルスの感染能力や変異能力を高める研究をアメリカが武漢研究所にさせていたのだから、陰謀論者のレッテルを貼られた人からすると、「コウモリ由来説」を力説する方が「陰謀論」ではないかと逆レッテルを貼りたくなるのではないだろうか。

今では、新型コロナウイルス発生源に関する議論はマスコミでは取り上げられなくなったばかりか、SNSでも「陰謀論」として規制の対象となっている。「陰謀論」とは、言論封殺の大義名分であり、また考えたくないことから目を背けるための口実として使われているのだ。言論封殺の大義名分として「陰謀論」というレッテルが使われることは、ある程度は仕方がないことだと思う。権力者にとって都合の悪い情報は必ずもみ消されるものだ。古今東西の歴史書に書かれてある物語は、すべて勝者目線の歴史物語であることを考えればわかるはずだ。

だが、**考えたくないことから逃げるための思考停止の手段として「陰謀論」のレッテルを貼るの**は、人類の深刻な問題と言わなければいけない。なぜそれが人類の問題なのか、そして真に恐れるべき「怪物」が私たちの目の前に迫りつつあると警鐘を鳴らすために、次項でさらに「思考停止」について読み解いてみたいと思う。

∞「思考停止」が生み出す怪物

人間の脳は、強い脅威を与えられ制御のきかないストレスに晒されると、理性の中枢といわれる前頭前野の働きが弱まり、思考停止に陥ってしまうことが脳科学の研究でわかっている。また別の研究では、**人間の脳には、難しく考えることを嫌う特性があり、短くて刺激的なわかりやすいフレーズを好むこともわかっている。**前述のように、マスコミが大衆誘導をする場合などに頻繁に用いられる手法で、「〇〇をぶっ壊す」「既得権益」「岩盤規制」「国の借金問題」という短いフレーズだけで意図的に印象を操作してしまうのだ。この短くてわかりやすいフレーズを繰り返し聞かされることで馴染んでしまえば、脳は簡単にはそれを否定できなくなるのだ。つまり、私たちを取り巻く状況が「思考停止」の条件を満たしているのである。

現在、私たち人類は新型ウイルスという見えない脅威に晒されている。「新規感染者数」のニュースを毎日聞かされ、否が応にも「不安」は強まる一方である。「まん防（蔓延防止）」や「自粛」「不要不急」「時短営業」「リモート」「黙食」といった短いフレーズを互いに使わされ、何とも抗いにくい閉塞感に包まれた日々を送っている。私たちのストレスは相当深刻な状況にあり、思考停止に陥りやすい条件は完璧に整っているといっていい。

かつて欧州全土を戦争に巻き込み、ユダヤ人を大量虐殺したナチス・ドイツ。理知的なドイツ民族を蛮行に駆り立てた原因は「思考停止」にあったと私は考えている。第一次世界大戦後、敗戦国のドイツは巨額の戦後賠償を抱えていた。そのため経済は崩壊し、ハイパーインフレが国民の生活を襲い、治安は極度に悪化し、飢餓による死者も増加の一途を辿っていた。ドイツ国民の多くが先の見えない恐怖と失望に晒されていた。ナチスの指導者ヒトラーは、「思考停止」の国民を「選民思想」とメディアを使って洗脳し熱狂させていったのである。

当時のドイツでは、全国民はラジオから流れるヒトラーのすべての演説を視聴することが義務づけられていた。国民は繰り返しヒトラーの演説を聞かされ、また新聞や書籍などは検閲され、ナチス政権に不都合な情報や表現は徹底的に排除された。ヒトラーは著書『我が闘争』（角川文庫　1973）において「プロパガンダ」について以下のように述べている。

「プロパガンダとは、絶え間なく大衆を自らの意のままにすることである。そのためには、都合の悪い情報は遮断しテーマと標語を限定して大衆に伝えること。また、コントロールする大衆に知性を求めないこと、つまり考えさせてはいけない。そして、同じことを何千回と繰り返して伝えることが重要だ」

この手法は政治心理学では「議題設定効果」と呼ばれているもので、国民の関心を特定のものに向けさせ固定化させるのである。後にナチス台頭の心理的メカニズムを解明した社会心理学者のエーリッヒ・フロムは著書『自由からの逃走』(東京創元社　1952)において次のように解説している。

「大規模な危機が社会を襲った時、人は他者に対して攻撃的になり、権威あるものにすがりたくなる特性を持っている」

ドイツ国民の「思考停止」がナチスを生み出し、「全体主義」という名の「怪物」を跋扈《ばっこ》させる結果を招いたのだ。そして、現在の日本人もこれと同じ状況にあることを私たちは注意するべきである。「陰謀論」というレッテルで都合の悪い情報は遮断され、わかりやすいフレーズを毎日繰り返し聞かされている。つまり、それだけ「議題設定効果」がよく表れているということだ。「全体主義」という名の「怪物」が完全にでき上がってしまったら最後、崩壊まで突き進まなければ大衆が目を覚ますことはできないのである。歴史がそれを証明している。

◯真実のニュースはない、真実は自分の頭の中で組み立てるもの

私たちが日々触れているニュースとは一体何なのか。ニュースとは自然に発生したり湧き出るものではない。太陽の光や雨や風が「ニュース」を運んでくるのでもない。途切れることのない物理現象を意図的に切り取らなければ情報として取り出せないのだ。さらにそれをどのように観るべきかという視点を与えて初めてニュースとなる。**つまりニュースとは「意図」なのである。**

新聞・テレビなどの主要マスコミの本業は、真実を報道することではなくプロパガンダを行うことだ。また、インターネット上でも情報の検閲や言論統制はしっかりと行われている。むしろ、ダイレクトマーケティングという意味では、紙媒体よりも電子的媒体の方がプロパガンダの効果が高いはずである。

プロパガンダを目的として情報を統制する側も、自ら検索して情報を入手しようとする側も、何のためにそれを行うのかというと、「意思決定」「決意・決断」をするため、あるいは、させ

るために行っている。「意思決定」によって自分の人生は創られるのであり、その集合体によって社会全体が創造されているのだ。「意思決定」とは創造の源であるといえる。私たちは「意思決定」をするために本当のことを知りたいと考え、また意図的に「意思決定」させようと企むものは「これこそが真実だ」と見せかけるのだ。では「真実」とは何か？

この現実世界に「真実」だと断定できるものは何ひとつない、というのが私の持論であり、かつ「真理」だと思っている。私にとっての「真実」が、あなたにとっても真実だとは限らない。人間の意識は自分を中心に世界観を構築しているのだ。これは世界の中心に自分が立っているという認識ではない。世界を観察している観察者は自分ひとりしかいないわけで、その立ち位置でなければ見えないものがあり、立ち位置が変われば違った世界像ができ上がるのだ。つまり自分にとっての真実しか私たちは理解できないということだ。

私たちは日々大量の情報にまみれて生きている。どうやって比較したのかわからないが、平安時代の若者が10年かけて触れる量の情報を、現代人はわずか1日で消費しているらしい。この比較だけでは良いのか悪いのか判断できないが、とにかく、私たちの「思考」は外部からの影響をもの凄く受けている。自分の頭で考えていると思い込んでいるだけで、実は巧みに思考を誘導されているのかもしれない。たまにニュースで「洗脳から醒めた」という類いの話を聞いたりするが、「洗脳から醒める」ことと「新たな洗脳を上書きする」ことは何が違うのだろうか。それこそ真実はどちらなのかを判断する基準は自分にしかない。そう、すべて自分で決めるしかない。

だが、どっちに転んでみても、私たちはプロパガンダの中を泳ぎ回って生きていくしかない。そしてどこまでが純粋な自分だけの「意思決定」なのかということも究極にはわからないのだ。人間の脳は省エネ志向なので、決断の難しい重要な問題ほど誰かに考えてもらいたいと無意識に思ってしまいがちだ。誰かに考えさせて、結論を受け入れるかどうかの判断をする方がコスパも良いに決まっている。だから、プロパガンダによって特定の価値観を与えられ、思考を誘導されながら生きている方が「脳」的には気持ちいいのだ。また「所属の欲求」を持っているので、プロパガンダによって大勢の人と同じ「意思決定」をする方が安心できる。

私たち人間はそういった特性を持ちながら、「意図」によって切り取ったニュースを大量摂取しているという構造を理解することが重要だ。そのうえで、自分の頭の中に「真実」を組み立てていく気持ちが「人生の納得度」を左右すると私は考えている。

【思考法のヒント②】

❖あなたはコロナ騒動についてどう考えますか？

□プロパガンダによってコロナ禍の全体主義も創り出されている

□①都合の悪い情報は遮断する

□②テーマと標語を限定して伝える

□③民衆に考えさせないように仕向ける

□④毎日繰り返し同じことを連呼する

Hint '02

第3章

アメリカ大統領選挙に見る、人類の二極化――［隣国］

Next door '03

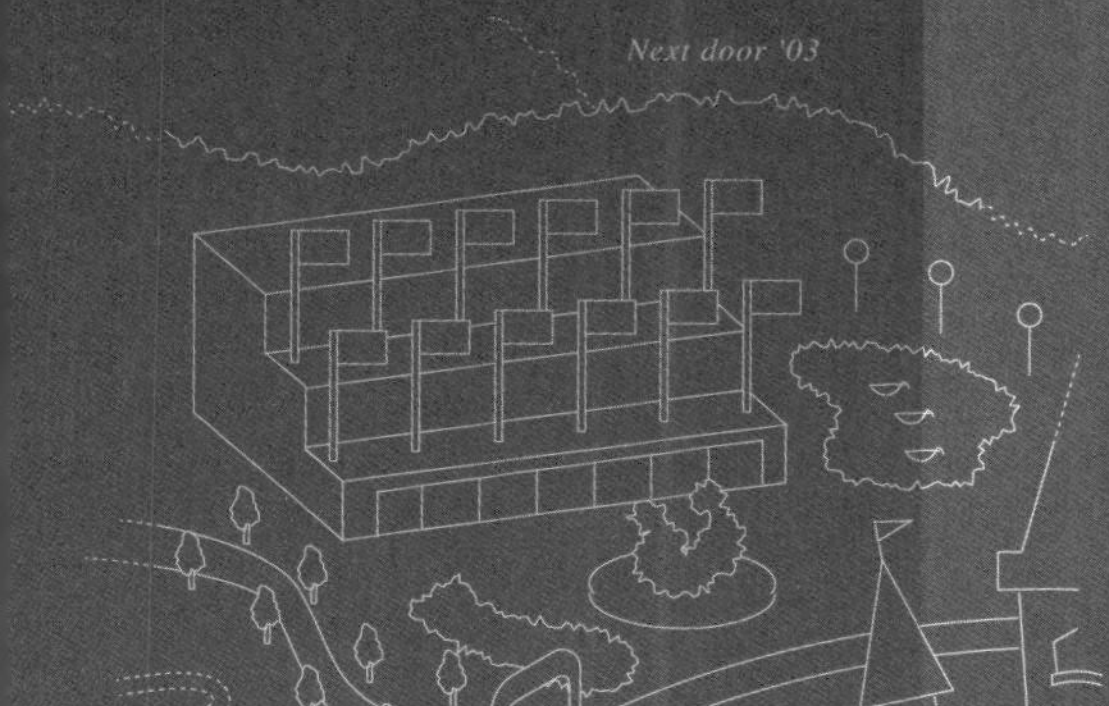

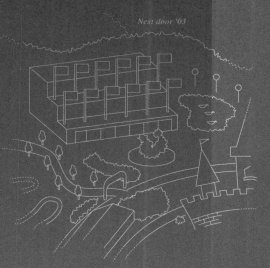

∞ 2020年アメリカ大統領選挙と別世界の隣人

2020年アメリカ大統領選挙（以降、大統領選挙と呼ぶ）ほど、アメリカ全土が混乱し、白熱した選挙は珍しい。というよりもアメリカの選挙史上、これほどの騒動は初めてのことかもしれない。市民による投票から選挙結果確定まで約2カ月ほどの時間を要したが、その間、事件が勃発し、真偽不明の情報が錯綜した。映画よりも波乱に満ちたドラマチックな展開に、「これは仕組まれた壮大な茶番劇だ」とあちこちで語られる始末である。

日本においても、ネット空間を中心に大盛り上がりの展開となった。私の記憶する限り、日本人がこんなにも選挙の行方に注目し、一喜一憂したことはなかったかもしれない。過去を遡れば、日本人にとって重要な選挙となったものはいくつかある。社会党村山内閣を誕生させた総選挙や民主党鳩山政権誕生の総選挙なども大変盛り上がった選挙ではあったが、なんと言うか、現職のトランプ大統領というヒーローを熱狂的に応援したい気持ちで選挙に注目したというのは異例である。

結果的には現職のトランプ大統領が選挙で敗北し、トランプ政権からバイデン政権へと政権交代が行われた。一応、投票結果はバイデン氏が史上最多得票の8000万票以上、対するトランプ氏も7400万票と自己ベストを更新し歴代2位の得票数となっている。しかし、この大統領選挙の最大の問題が「不正投票と不正集計」疑惑なのだ。

現在も、選挙不正を巡って全米で訴訟が起こされている。そのため裁判の結果によっては得票数が変わってくる可能性もあるのだ。バイデン氏勝利とはいえ、圧倒的大差で勝利しているわけではないので、下手をすると選挙結果がひっくり返る可能性もゼロではない。何と言っても膨大な数の証拠と証言があるのだ。郵便投票を使った不正の内部リークや監視カメラが捉えた不正集計の様子、ドミニオン社製選挙マシンが外部から不正に操作することが可能であることも立証されている。さらに衝撃的なのが、その選挙マシンを外部から不正に操作していたのが中国やロシア、イラン、バチカンなどの国家である可能性まで指摘されているのだ。この疑惑が立証されると外交問題に発展するだけでなく、各国の重要な選挙に外国が干渉できることも立証されてしまい、選挙による民主主義そのものの信用が揺らぐことにもなりかねない。

そして「選挙不正」と並んで深刻な問題が、「情報統制」と「言論弾圧」だ。前章でも書いたがマスコミによる「情報統制」にはもはや驚きはしない。情報を統制し世論誘導することがマスコミの仕事なので、都合の悪い情報は私たちから遮断される。しかし、今回の**大統領選挙で多くの失望を買ったのがビッグ・テックによる「情報統制」と「言論弾圧」**だ。

とくに目に余るのはFacebookとTwitterだ。この2社は、トランプ大統領自身の言論を封殺するべく彼のアカウントを永久凍結してしまった。世界中にフォロワーを億単位で持つ現職のアメリカ大統領を言論封殺しただけでは収まらず、トランプ大統領のフォロワーたちのアカウント停止や投稿削除、警告と、なりふり構わぬ言論統制ぶりである。

もうひとつ、大統領選挙を機に定常化した問題として、社会主義者が扇動する暴力破壊活動がある。アンティファやBLMといった社会主義者を装った集団（実際にアンティファやBLMを支持している人たちかは不明）が暴力デモを各地で展開している。「黒人差別反対」を理由に暴れているが、主に商店街や公共施設を狙って破壊活動をしている。

このように総括すると先の大統領選挙は非常に示唆に富んだ出来事だったと思う。本当に目を向けなければいけない人類の問題を浮き彫りにして私たちに見せてくれている。

∞不正選挙が招いた「陰謀論」

大統領選挙投票日の2020年11月3日、開票速報のニュースは多くのトランプ支持派の期待を裏切るものだった。事前予測では、現職トランプ大統領が対戦相手のバイデン候補に圧倒的大差で勝利するものと見られていたのだが、蓋を開けてみると激戦州の多くでバイデン票がトランプ票を上回り、数日かけて開票された結果は、大方の予想を裏切り、現職トランプ大統領の敗北となってしまった。しかも、選挙ラリーではトランプと比較するのが可哀そうなくらい支持者の動員数が少なかったバイデンが、なんと米国史上最多の得票数8000万票を超えたのである。

「そんなアホな」

と、バイデンの支持者ですら思ったとか。

そして、この選挙では実に不可思議な現象が各地で相次いだ。たくさんあり過ぎるので書ききれないが、主要なところでは「バイデン・ジャンプ」と呼ばれている現象がある。投票日翌日の午前4時頃、ウィスコンシン州の開票速報において、わずか1時間ほどの間に12万票もの有効票がカウントされた事件である。

ウィスコンシン州の開票速報値はその瞬間までトランプ票が大きくリードしている状況であったのだが、突然、バイデン票を示すグラフが垂直に伸び、一気にトランプ票を示すグラフに追いつき、結果的に勝利したのだ。しかも、その様子がテレビの開票速報番組で放送され、「選挙不正疑惑」騒動の発端となってしまった。

一気に得票数が12万票も伸びる可能性はゼロではないのだが、統計上はあり得ない数字の伸び方だと指摘されている。しかも、それが多くの開票スタッフが帰宅して少数の限られた深夜番スタッフしかいない会場で発生した。「不正操作だ」と考えるのが自然だと思う。

またジョージア州では、水道管破裂という真偽不明の理由で共和党側の選挙監視人たちが急遽会場から締め出され、なぜかその間にも開票が進みバイデン票が急伸するという事例もある。その他にも、監視カメラが捉えたバイデン陣営の不正や、郵便投票を利用した不正の内部証言など「不正のオンパレード」という状況だった。

このような状況をみて、当然、トランプ大統領はバイデン陣営による選挙不正を訴え、ジュリアーニ弁護士率いるトランプ弁護団は選挙結果無効を申し立て、訴訟を起こしていった。不正を証言するための宣誓供述書は1万件を超えたと言われている。

最もセンセーショナルな出来事だったのが、2021年1月6日のワシントンDCで発生した偽装トランプ支持者らによる連邦議会議事堂乱入事件である。その日、全米から集結した数万のトランプ支持者らが選挙結果への抗議集会を行っていた。同日、連邦議事堂では各州の選挙人投票結果の認定が行われていた。そこに暴徒化した一部の抗議集会参加者がバリケードを突破して議事運営中の議事堂に乱入する騒ぎとなり、議会は中断し、結果的に死者1名と多くの逮捕者を出してしまったのだ。

だが、この議事堂騒乱を扇動したのはテロ組織「アンティファ」のメンバーだとも言われており、乱入によって議会を妨害することで、トランプと彼の支持者の社会的信用を貶めるために計画されたヤラセ騒動であるとの見方が、トランプ支持派の中で主流となった。

この他にも、自動車事故に見せかけた爆殺事件やナッシュビル自爆テロ事件、バチカンの大停電や州軍によるワシントンDC銃包囲などミステリアスな出来事が多発する中、トランプ大統領による強権発動、すなわち「戒厳令」が発動されるとの憶測が流れ始める。だが、待てど暮らせど、トランプ支持派が期待するような「戒厳令発動」は遂に起きることはなく、トランプ大統領はバイデン新大統領就任式の朝、ホワイトハウスを退去していったのである。

トランプ支持派としては、どう考えても納得できない「不甲斐ない」敗北という現実を素直に受け入れることができなかった。

「こんなにも選挙不正の証拠があるのに、どうしてトランプ大統領は何ひとつ行動を起こさないのか」

「こんなことがまかり通るなんて、間違っている。そんなはずはない」

私たち人間の脳は、自分の信念や価値観にそぐわない情報は「間違っている」と認定し、素直に受け入れない傾向がある。**現実をあるがままに直視しているようで、自分の信念を曲げずに済む情報しかキャッチしないようにできている**のだ。あるいは、自分の信念や価値観に合致するようにしか現実を解釈しない特性を持っている。

したがって、「世界最強のアメリカ大統領であるトランプが強権を発動できないはずはない。つまり強権はすでに発動されているが、情報が伏せられているだけなのだ」という解釈によって、現実を自らの信念や価値観に沿わせるのである。

「戒厳令に基づいて米軍が動いている」

「不正選挙の黒幕たちはすでに逮捕されてグアンタナモ刑務所に連行されている」

「世界緊急放送がある」

「バイデンは大統領に就任していない。まだトランプが大統領である」


このような「陰謀論」がSNSを中心に拡散されていったのだが、こういった「陰謀論」には確たる根拠はない。「世界緊急放送」などは当初から言われていたが、何度も何度もスケジュール延期となっているらしい。しかし、不正選挙が行われなければ、このような「陰謀論」も生まれなかったはずだ。大統領選挙に関する一連の出来事があまりにもミステリアスで不可解であるがゆえに、願望も加わり飛躍した解釈が生まれてくる。一連の「陰謀論」は、不正選挙が生み出した産物だと私は考えている。

∞ いつ、「世界緊急放送」は始まるのか？

今回のアメリカ大統領選挙でトランプ大統領を応援した人なら、絶対に一度は関心を持ったことがあるはずなのが「世界緊急放送」と呼ばれるイベントである。

この「世界緊急放送」と呼ばれているイベントは、大統領選挙以前には全く話題に上らなかったものだが、大統領選挙での不正行為のためにトランプが劣勢に立たされた辺りから突然登場し、世界中のトランプ支持派の間で拡散されていった。ところが、この「世界緊急放送」という名称は耳目を集めている割には、一体誰が、どんな手法を用いて、どんな内容を誰に向けて放送するのか？　どのタイミングで何のために放送するのか？　という肝心の中身が曖昧なのである。

こういった類いを「陰謀論」という名称で呼んではいるものの、私は決して「完全に嘘だ、デマだ」と思っているのではない。理論・理屈では説明のできない現象もあれば、すべての物事が証拠で裏づけされているわけでもない。とは言え、熱烈なトランプ支持派の間でこんなにも待ち望まれている「世界緊急放送」にも拘らず、一向にその目的や意図がよくわからないまま何カ月もポジティブに待ち続けている支持者たちに私は違和感を禁じ得ないのだ。

「世界緊急放送」に限らず他にも同じような例はたくさんある。「政治家の大量逮捕」や「ネサラゲサラ」「地下施設からの児童大量救出」などもトランプ支持派のSNSでは当然のように信じられているし、ある日突然、トランプが復活して悪い奴らを一掃してくれるんじゃないかと、そんなドラマのような展開をワクワクしながら待っている人たちが意外にもたくさんいるのだ。今のところ、そういった話が実現したとか、表沙汰になったという情報は全くないのだが、彼らは挫けることなく「待っている」のである。

前章にて、新聞・テレビなどの主要マスコミにたっぷり洗脳された国民を他人思考・他人価値観の「与えられ脳」だと酷評したが、しかし、**マスコミ報道を一切信じない熱烈トランプファンもまた同じ「与えられ脳」なのではないか？** と私は分析している。マスコミに洗脳された思考停止の国民とは、本来は真逆の立ち位置にあたる熱烈トランプファンたちをこのように評することは不本意なのだが、ただ自分の欲求を満たしてくれそうなトランプ情報に群がって、それが何となく曖昧でよくわからないものでも、スカッとする刺激的な展開をトランプ大統領が見せてくれるものと信じて待っているところが「与えられ脳」であると言わなければいけない。もっと言わせていただけるならば、彼らはマスコミに洗脳された連中よりもタチが悪い。彼らはSNSを使って猛烈に拡散するからだ。

そして、不思議なことに類は友を呼ぶ格好で、同類の「与えられ脳」な人々をマスコミ洗脳から覚醒させて、一気に引き入れてしまう魔力を発揮することもある。人間は論理ではなく、感情で物事を判断している生き物だから、よりスカッと気持ちの良いものや、もっと刺激の強いものに感化されやすい。そして、先述のように、私たちは「誰かに考えてほしい」「誰かに決意・決断してもらいたい」と思うように育てられてきたから、マスコミにしろ陰謀論にしろ、誰かが「真実はこうだ」といったものを簡単に受け入れてしまうようになっているのだ。

「世界緊急放送」が100%デタラメの陰謀論だと断定したいわけではないが、観覧者的スタンスではなく自分事として向き合ってみる必要があると私は思うのだ。自分にとって「世界緊急放送」はどんな意味を持つのか？　誰が何の目的で、何を伝え、何を促そうと意図して放送するのか？　そこに関心を持って情報と向き合うことが重要なのだ。この重要性に気がつかなければ、マスコミに洗脳された国民と同類の「与えられ脳」な人生を送ることになる。

∞二極化していくユーチューバーと視聴者

大統領選挙不正疑惑によって、選挙関連ニュースやトランプ大統領の言動に世界中が注目する中、大統領選挙関連の情報を発信・解説するYouTube動画はもの凄く飛躍し、チャンネル登録者数や動画の視聴回数を大きく伸ばしていった。それだけ、多くの人たちが大統領選挙や国際政治に関心を抱いただけではなく、新聞やテレビなどのマスコミによる報道よりもYouTubeに投稿される選挙関連情報を信用したと言える。

私が運営している『SATORISM TV』という動画チャンネルも、それまでは完全に無名の動画チャンネルであったのだが、大統領選挙ネタを取り上げて解説した動画の視聴回数はそれまでとは比較にならないくらい増えた。

大統領選挙から1年近く経過している現在でも、「トランプネタ」は登録者数の多いチャンネルならそれなりの視聴回数を叩き出している。日本でも新聞やテレビのニュースだけしか観なかった人たちがマスコミの洗脳から醒めた証拠だ。しかも、数十万人という単位で覚醒したのだから大統領選挙関連情報を発信した「政治系YouTubeチャンネル」の功績は非常に大きいだろう。

さて、私たちの脳はより安楽な方へと流れていく。自分の価値観や信念を揺るがさない「安全」な情報、つまり自分にとっての「常識」を好み、それでいて刺激の強いものを欲しがる傾向にある。視聴者の求める刺激はどんどん強くなってくる。したがって情報発信する側のユーチューバーも、できるだけ激しく極端な言葉で表現するようになるのだ。その結果、「世界緊急放送」や「有名人・政治家の大量逮捕」「戒厳令発動」「バイデンのホワイトハウスは偽物のスタジオ」「ネサラゲサラ」「トランプ復活」といった言葉が独り歩きし、ほとんど視聴者の願望でつくられたような情報になってしまったのだと私は考えている。

この手の情報は視聴者の期待と欲求を満足させはするが、期待感や願望から生み出された推測なので現実には何も起こらないケースがほとんどだ。したがって、あまりに飛び過ぎた推測を真実のように吹聴すれば、当然「陰謀論」とレッテルを貼られても仕方がないかもしれない。

先述の「世界緊急放送」同様に、「政界・財界人の大量逮捕説」「軍事裁判にかけられて処刑済み説」「ゴムマスクを被っているレプティリアン（異星人）説」などいわゆる「陰謀論業界」

ではお馴染みの情報も、現実にそれらが実行されたり、実在する証拠はない。しかし、高度な機密事項なので情報は秘匿されており証拠などは出てこない、と言われれば反論のしようがないのだが、それならば機密を保持して情報漏洩などするな、と言いたい。

「どうして、何も起きないのか？」

さすがに、トランプファンである多くの視聴者も痺れを切らしている。**何も起きない理由は、それらが「情報」ではなく「願望」だからである。**「願望」も強く心に願い続ければ現実化することもあるかもしれないが、エンタメと化した「陰謀論」を悲願のように真剣に強く願い続ける人はほとんどいない。ただの「願望」をどれだけ待っても何も起きないのは当然である。何も起きないことに多くの視聴者が一喜一憂したが、一喜一憂する暇があったら1冊でも多くの本を読んで知識を蓄えるべきだ。

新聞やテレビの情報しか信じない層とマスコミを信じない層の二極化が進んでいると言われているが、真実はそうではない。**物事を冷静に観察し分析できる頭脳と自分では何も考えられない頭脳に二極化している**のだと私は考えている。オールドメディアかインターネットかが問題ではなく、**「考える」か「考えられない」かの二極化なのだ。**

∞ 動画のコメント欄で遭遇した「別世界の隣人」

私の運営するYouTubeチャンネル『SATORISM TV』は嬉しいことに熱心な視聴者に支えられて、動画の再生回数の割にコメント欄への書き込み件数は比較的多いチャンネルとなっている。コメント欄にたくさんの書き込みが寄せられると凄く嬉しいし、動画配信を続けていく上でとても励みになる。

ただし、すべての書き込みが嬉しいとは限らない。大統領選挙の行方がどうなるかと世界中が注目していた頃、『SATORISM TV』のある動画のコメント欄に、絡みにくいというか、反応に困る書き込みが少し増えたことがある。それは「諦めるな！」という類いのコメントである。

「諦めるな！」とはどういう意味なのか。2021年1月20日に予定されていたバイデン大統領就任式典で「きっと何かが起きる」とトランプ支持派の間で噂になっていた。みんなが思う「何か」とは、トランプ大統領率いる軍隊が突如現れて、国家反逆罪の容疑でバイデンをはじめとするディープステート一味を一網打尽にしてくれることだ。中でもバカな人は、その様子をライブ配信で見ながら楽しもうと、本当にポップコーンを買い込んだのかもしれない。

しかし、残念なことに何事もなく無事に大統領就任式典は執り行われた。またその日の午前中にはトランプは自身の退任式に出席し、ホワイトハウスを退去してしまった。私はその2つの行事をもって「大統領選挙でトランプの負けが確定した」という趣旨の動画を配信した。なぜなら、トランプが戒厳令を発動できるチャンスはその日が最後だからである。これは私の分析などではなく、トランプが大統領として法的根拠に基づいた強権を発動できる最後のチャンスだったのだ。視聴者コメントの「諦めるな！」とは「選挙でのトランプ敗北が確定したなどと言うな！」という意味なのだ。

トランプの言う通り、疑いようのない不正選挙の証拠があり、それらが外患誘致罪や国家反逆罪を成立たらしめるに十分な証拠能力を有しているのならば、あの大統領就任式の日が戒厳令発動の最後のチャンスだったのである。それ以降はあり得ないのだ。もし、後日に、民間人となったトランプが軍隊を動員してバイデン政権を倒してしまえば、それは軍事クーデターということになる。軍事力で抑え込むという意味で、やることは同じだ。しかし、やる日が違えば「クーデター」に該当し、国家転覆という違法行為になる。どうせやるなら大統領在任中に着手するべきであろう。トランプにしたがってクーデターを起こした軍の部隊は、場合によっては軍事裁判で極刑すらあり得る。

これをもって、私の中ではトランプが戒厳令を発動しないことが明らかとなり、トランプ支持派が期待していた展開はなくなったと分析した。私が「諦めた」のではなく、現実問題としてトランプが戒厳令を発令する権限を手放したのだ。諦めずに、「大統領就任式は何事もなく終わったように見えますが、寅さん（トランプ大統領）は戒厳令をきっと発動しているはずだ」と言えばよかったのだろうか。それが「最後まで諦めずに信じ抜く」ということなのか？

いや、違う。それは単なる「思考停止」なのだ。

勘違いしている人も多いが、何も考えないことが「思考停止」ではない。**何をどれだけ考えても、自分の都合のいいようにしか考えない脳ミソのことを「思考停止」というのだ。**あれこれ一生懸命に考えて分析しても、物事をあるがままに観察していなければ何の意味もないのだ。

それ以降も返信コメントしづらい書き込みが散見された。

「水面下では大量逮捕が進んでいます。気長に待ちましょう」

「本物のバイデンは逮捕済みです。あれは偽物ですよ。もっとしっかり調べてください」

「寅さんは、すぐにカムバックします。退任は敵を欺くためです。寅さんを信じなさい」

こんな調子のコメントに何と返信すればよいのか、さすがの私も悩んだ。しかも、「寅さん」と書かれると、映画『男はつらいよ』を思い出してしまう私だ。

それまで、大統領選挙という同じ現象をネタにして、私の分析と解説を毎回視聴してもらっていたのに、頭の中は完全に「別世界の住人」であった。「陰謀論者」と同じレッテルを貼られる人たちでも実際には二極化し、すぐ近くにいながらも別世界に住んでいるのだ。どちらかというと、新聞やテレビの情報しか信じない人よりも、距離感としては遠くに感じてしまう。

08 「大丈夫です。水面下ではトランプが勝っています」症候群

私がYouTube動画を作成する上で最も大切に考える点は、私の動画を視聴してくれた人の知能がレベルアップするような内容に仕上がっているか？　ということである。一応、コーチングを生業のひとつとしている人間なので、私のYouTube動画を視聴するメリットは「賢くなれる」という点だと自負している。視聴しただけで「賢くなる」ためには、視聴者の思考に影響を及ぼす必要がある。そのため、単に視聴者が見たい聞きたいことだけを動画のネタにしたり、耳当たりの良い情報だけを発信するのではなく、「自分の頭で考える癖」を身につけられるような構成に編集している。したがって、自分が信じていることや言いたいことを代弁してくれると期待している視聴者にとっては面白くない動画かもしれない。しかし、先述のようにそんな視聴者こそが「思考停止状態」なのである。

他のユーチューバーさんをディスることはできるだけしたくないのだが、これぞ完全な「思考停止」だと言えるのが、

「大丈夫です。水面下ではトランプが勝っています」

という何の根拠もなく妄想だけで大統領選挙を解説している人たちだ。YouTubeだけではなく、ブログやTwitterにも、そういった情報発信をしている人はいる。「表現の自由」という次元で考えれば、大統領選挙をどのように解釈し、どのように表現してもいいのだが、しかしそれを「大統領選挙情報」と呼ぶ価値はないと思う。

「水面下ではトランプが勝っている」という表現には（水面上では敗けているが）という前置きがついていることになる。結局のところ「勝っているのか」それとも「敗けているのか」どっちなのだろうか。また、水面下というのはどういう状況を指しているのかも不明だが、まさか水面下でも大統領選挙が行われていて、トランプの得票数が勝っているということではないだろう。ではトランプは水面下で何をして誰に「勝っている」のだろうか。この原稿を執筆している現時点でトランプ大統領の退任式からすでに半年以上が経過しているが、トランプが水面下でどれだけ敵対勢力に勝っていようとも世界はなにひとつ良くなっていないではないか。世界緊急放送も未だになく、敵対勢力の大量逮捕劇も何ひとつ現実になっていない。そして彼らは決まってこのように言うのだ。

「もうすぐです。もう少しの辛抱です。寅さんを信じて待ちましょう」

ハッキリ言おう。待つだけ時間の無駄である。

トランプ自身が、

「もう少しだけ待ってくれ。私は水面下では勝っているのだ」

などと発言したことは一度もない。そして、水面下でトランプが戦っている証拠を誰も見たことがない。トランプはあくまで、法に基づき政治家として戦っているのだ。妄想にまみれた期待で待たれても、トランプにとっても迷惑な話である。

洗脳の手法に、見えない脅威を与え続けるというものがあるが、見えない期待感を与え続けても洗脳はある程度有効に機能する。**思考停止の脳は、「もうすぐ明かされる」とか「まもなく始まる」という変な期待感を持たせる表現で信じてしまうのだ。**それは、その人の情報収集能力や情報分析能力の問題ではない。論理的に考える習慣と期待した通りに物事が進んでいないことを認める素直さが足りないだけなのだ。私たちは、思考習慣と心のあり方で世界の観え方は180度変わることを改めて認識しなければいけない。

∞シンプル・イズ・デンジャラス

少し大統領選挙の話題から話がズレるのだが、「シンプル・イズ・ベスト」という言葉がある。あれこれと付け加えたり、装飾し過ぎるとゴチャゴチャして本来の良さを見失ったり発揮できなかったりする。だから何事もシンプルなのが一番良い、という意味である。確かにその通りなのだが、「思考」に関してはそうとも言いきれないと思っている。

たくさんの知識を使って、具体的に理屈をこねて、あれこれと難しく考えるということが実は重要なのだ。一部の天才的な頭脳の人がどのように思考しているかなんて私は知らない。私を含むその他大勢の人は天才的頭脳を持ち合わせていないので、必然的に経験的思考にならざるを得ないのだ。つまり、ほとんどの人は、具体的に一つひとつ積み上げていく思考法なのだ。だから、賢くなりたければ、たくさんの知識を習得し、できるだけ多くの情報を分析し、たくさん考えろということになるのである。そうして初めて情報を消化できるようになり、知識が自分のものになっていくのだ。

ところが、テクノロジーの発展で情報収集がもの凄く簡単になったので、情報の消化が追いつかなくなっているように思う。スマホの普及に伴って私たちの情報摂取量は格段に増えた。先述したように一説には平安時代の人が10年かけて取得する情報を、現代の私たちはわずか1日で同じ量の情報に触れているという研究結果もあるようだ。わざわざ数百年も昔の人の情報量と比較する意味はないが、例えば10年前の世界と比べても、情報収集の量とスピードは上がっている。しかし、自分の情報消化能力はどれほど向上しただろうか。とてもテクノロジーの進化に追いついていない。

話は変わるが、国内の書籍販売部数（電子書籍含む）について触れておきたい。出版科学研究所の統計によると、1996年をピークに国内の書籍販売額は長期減少傾向にある。昨今のコロナ自粛の影響で日本人の読書量は15％ほど増加したという統計データはあるが、書籍の販売部数はピークから約4割ほど減少している。

この統計データから推測できることは、書籍のような長い文章を読み解いて情報を消化する能力が減退していっている可能性は高い。逆にヤフーニュースの見出しや、Twitter のような極めて短い文章というか文字の羅列で情報に触れる体験は格段に増えたはずだ。

「最近の若い人は5行以上の文章を読み解けない」

などと言われていることも多少うなずける。つまり「要するに○○」とシンプルに編集した情報でなければ吸収できない体になってしまったのかもしれない。名づけて「見出し脳」だ。情報の本体を読み解いて消化する力はないので、誰かに端的にわかりやすく要約してもらわないとダメ。もしかすると、この本も多くの読者は見出ししか読んでくれていない可能性だってあるのだ。最悪、この本のタイトルしか読めない、なんていう人もいるかもしれない。

冒頭の話に戻るが今、情報発信するのであれば、「どれだけシンプルに要約するか」を意識しなければ多くの人には伝わらないということだ。したがって情報発信者の立場から考えると「シンプル・イズ・ベスト」ということになるのだが、情報収集する側は、ただ口を開けて待っているだけなので、情報の本質が歪曲されたり、あなたにとって肝心な点が隠蔽されたりしてもわからない。編集者の都合によって情報のエッセンスは抽象化され、「善か悪か」「損か得か」「嘘か本当か」といった表現で私たち大衆は愚かにもミスリードされているのだ。要するにシンプルな思考しかできないのは危険なことなのだ。「シンプル・イズ・デンジャラス」である。

大統領選挙から半年以上も経過した現在でも、「闇の勢力を倒してトランプは復活する」「世界緊急放送ですべての秘密が開示される」「グレートリセットで黄金時代が幕開けする」という Twitter の投稿や YouTube 動画が未だに盛り上がっているのは、単純で痛快で難しくない情報だからである。**シンプルにしか物事を解釈できなくなった人たちが、どんなに情報収集したり分析したところで、真理を突くことはできないのだ。**誰かによって編集された「世界の真実」を鵜呑みにするのは、テレビなどのマスコミに情報操作されている人たちと何も変わらない同類だと気がつくべきである。

∞トランプに一喜一憂するな、それより自分の人生を生きろ

2020年の大統領選挙では、トランプ勝利への期待感が強過ぎたこともあり、多くのトランプ支持者が波乱の展開に一喜一憂したことだろう。私だって人のことを偉そうに言えた義理ではないのだが、選挙関連動画のコメント欄に書き込まれた視聴者たちの一喜一憂ぶりは何とも言えず「滑稽」であった。

「滑稽」とは失礼な言い方かもしれないが、実際に2021年1月6日のトランプ支持者決起イベントや1月20日のバイデン大統領就任式典で「何かが起きる」あるいは「寅さんの勝利宣言がある」と期待して、ポップコーンを片手にワクワクしながらライブ中継を徹夜で観覧した人は少なくない。「次こそ何かあるぞ」という出処不明の情報が回ってきて鼓舞されるが、結局は何も起こらなくてがっかりすることの繰り返しだ。そして、だんだん一喜一憂するのに疲れてしまい、

「もう期待せず、静かに待ちます」

このような、最も意味のないセリフが動画のコメント欄に書き込まれているのをたくさん見てきた。「その時」が来るのを待っていても良いが、あなたには何の関係もないし、あなたの人生が変わることはないだろう、と思う。

私が言いたいことは「デマ情報を信じるな」ということではない。例えば、可能性は非常に低いけれども「世界緊急放送」だっていつかあるかもしれないので、100％デマ情報だと断定する必要もないと思う。大事なことは、鵜呑みにしている自分に気がつくこと。そして、その情報が自分の中で「確信」に変わるまで調べ尽くすことだ。それは「世界緊急放送」について他人の意見を検索しまくることではない。本当に自分が関心を持っているのならば、もともとの情報の出処はどこなのか、どんな技術とどんな仕組みで世界中に同時放送ができるのか、それは誰が何を意図して行うのか、緊急放送が行われると何がどうなるのか、など多くの疑問が湧いてくるはずで、それを再度、自分の頭の中で組み立てることだ。

自分の目前で起きる現実をほったらかしにしてはいけない。なぜなら、世界はあなたのことなんかほったらかしだからだ。

「これについて疑問を持たなければいけない」

「あれについて調べなければいけない」

などとは、誰も言ってはくれない。

頭と心の使い方や思考の深め方など誰もあなたには教えてくれないのだ。あなたがバカのままでいようがいまいが、世界には何の関係もないはずだ。あなたが自分に対してオーダーを出さない限り、たとえ世界が変わってもあなたの人生が変化することはないだろう。仮に明日「世界緊急放送」が行われ、「ネサラゲサラが始まります」と伝えられたとしても、あなたの人生が勝手に楽しくなるようなことは絶対にない。**自分の頭で考えて、自分の心で決める生き方以外に、あなたをワクワクさせる技法などないのである。**

トランプに一喜一憂して疲弊している場合ではない。トランプがあなたに平和で幸せな人生をプレゼントする筋合いは全くない。世界は、あなたをほったらかしにして勝手にどんどん進んでいく。だから、あなたは自分の人生を生きることに集中しなければならないはずだ。トランプに一喜一憂せず、自分にベクトルを向け、自分に期待を寄せてみてほしい。

∞ 本当ならトランプの復活は不可能だ

２０２０年の大統領選挙の最大の争点は、選挙不正が行われたか否かである。トランプ陣営は投票が行われる前から、郵便投票が不正の温床になることを危惧し警告していた。選挙が終わって以降もトランプ本人は「選挙は自分が勝った」と今でも発言しており、多くの選挙関連訴訟は現在も継続している。

この章の第2項でも解説した通り、開票中継で発生した「バイデン・ジャンプ」と呼ばれる不可思議な現象をはじめとして、不正な選挙であったことを裏づける出来事や証言・証拠は山のようにあると言われている。私自身も当時、様々な情報から選挙の不正について調べてみたのだが、どう考えてもバイデンが歴史上最多得票８０００万票を獲得できるとは信じられないのだ。したがって私の見解としては、バイデン陣営による選挙不正はあったと考えている。そしてトランプ支持者の大半が同じ見解であろうと思う。

しかし、もっと深刻な問題がある。それは、公平で透明性のある社会の中で選挙不正が行われたのではなく、**不公平で不透明な社会が不正選挙の主張を認めないという現実である。**内部リークも含めて膨大な数の有力な証拠・証言があるにも拘らず、マスコミも議会も裁判所すら不正選挙の可能性を受け入れようとしなかった。そこに私は異様さを感じた。

議会の公聴会では、実際にドミニオン社の集計マシンが外部接続可能で不正に集計結果を操作できることまで公開実験で明らかになった上に、投票日当日にドミニオン集計器に外部アクセスしていた国や地域まで公表された。それなのに「選挙で不正が行われた」という主張に「陰謀論」のレッテルが貼られ嘲笑の対象となった。

またTwitterやFacebook、YouTube等の主要ＳＮＳにおいては、トランプ支持の動画や投稿記事、不正選挙に言及するものはことごとく規制の対象となっていった。最悪の場合、アカウントそのものを凍結されてしまうケースもあった。

事実、TwitterとFacebookはトランプ本人のアカウントを永久凍結してしまったのだ。世界中に数億人のフォロワーを持つ現職の米国大統領の言論を封殺するなど、常軌を逸した暴挙と言わざるを得ない。

大統領選挙関連の情報を発信するユーチューバーは、様々な隠語を多用してYouTube側の規制をすり抜けながら動画配信を続けている。オリジナルの隠語を多用し過ぎて何を言っているのか訳がわからなくなっているユーチューバーもいるくらいだ。

反トランプの左派系メディアはもちろんのこと、保守系メディアもSNSも不正選挙についての情報を遮断し議論させない姿勢だ。また味方であるはずの共和党首脳部や副大統領もトランプの敗北を認める始末。さらには、FBIもCIAも反トランプ的なスタンスで、不正選挙を捜査しろと命じられてもやらない。当時は、中国共産党による買収によって篭絡《ろうらく》されているのではないかと危機感を覚えたほどだが、その後のバイデン政権の対中政策が強硬路線で米中戦争寸前の状況まで来ているところを見ると、不正選挙を画策しトランプを引きずり下ろしたのは、中国共産党よりもさらに強大な力によるものと思われる。

トランプ支持者の間では、3年後の大統領選挙でトランプは再び米国大統領へと返り咲くだろうという話もある。実際にトランプ自身もウェブサイトを立ち上げ、熱心に情報発信を行っている。今でもトランプの支持率はかなり高い。しかし、今回の選挙不正疑惑によって、民主主義の根幹である選挙に対する信頼度は地に落ちたと言ってよい。したがって、いかにトランプ支持者の有権者が7500万票を再び投じても関係ないのだ。得票数はドミニオン集計器によって、いかようにもコントロール可能だ。選挙制度そのものを抜本的に変えない限り、強大な力によって再び選挙で敗北する可能性もある。

2022年の中間選挙や3年後の大統領選挙でトランプは返り咲くと期待して盛り上がっている人たちには申し訳ないが、米国の選挙不正は昨日今日に始まったわけではなく、何者かによって毎回コントロールされている可能性は極めて高い。そして、今回の大統領選挙でそのことがよくわかったのではないだろうか。そんな八百長選挙が何も改善されないまま再び選挙戦に臨んだところで、また同じ手口の選挙不正が堂々と行われるだけではないのか。いくらトランプ人気が絶大であっても再選は不可能だ。

これは極めて深刻な問題だと思う。こんな不正選挙が「正当な選挙」としてまかり通るものなのだろうか。最近ではパウエル弁護士やジュリアーニ弁護士の選挙関連裁判の情報も下火になってきているが、実はトランプ陣営が提訴した案件のうち、審理された訴訟の6割でトランプ側が勝訴している。もしこのまま大方の訴訟でトランプ陣営が勝利した場合、バイデン政権と議会の過半数を握っている民主党は判決を認めて引き下がるのだろうか。世界は未だコロナパンデミックで混乱している。さらには今、中国とNATO軍の間で戦争が起きようとしている。そのような不安定な情勢下で、再び選挙のやり直しを行うことなどできるのか。

いずれにせよ、このままではトランプ支持者の選挙に対する信頼はゼロである。何の変化もないまま次の選挙を迎えて、仮に何ひとつ不正が行われなかったとしても、納得できない結果の場合、やはり不正操作を疑ってしまうだろう。選挙は民主主義の根幹である。ただトランプを信じて復活を待ちわびても民主主義の根幹は揺らいだままだ。トランプの大統領職復活を期待するのならば、現実的にどんな道筋があるのか、そのためには具体的にどんな問題が解決されなければならないのか、いわゆる「6W2H」と呼ばれているような論理的積み上げ思考を身につけていくのがよい。

◎なぜ隣人は別世界にいるのか？

２０２０年大統領選挙について、決着がついたと見るか、それとも未だ決着はついていないと見るかで、世界の見え方は全く違うのだと、改めて考えさせられた。感情は抜きにして、法的な手続き論で言えば、ゴタゴタはあったものの「バイデン候補の勝利」という形で決着はついている。そして大統領就任式を経て正式に第46代アメリカ大統領となった。選挙における不正疑惑は残っているが、前任のトランプは退任しており、現任はバイデン大統領ということで間違いない。

ところが、この章のテーマである「別世界の隣人」たちには同じようには見えていないのだ。異なった見え方にも多少の差はあるようなのだが、最もかけ離れた見え方としては、今でもトランプが大統領としての権限を持ち、とくに米海兵隊と米宇宙軍を掌握し、闇の勢力たちと死闘を繰り広げているように映っている。肝心のバイデン偽大統領は本人ではなく偽者らしい。ややこしいのでご注意いただきたいのだが、バイデン大統領は勝手に大統領を名乗っているので大統領としては偽物、そしてさらにバイデン自身が影武者の偽者だというのだ。バイデンではない人が非常に精巧にできたゴムマスクを着用して、バイデンに成りすまして私たちを欺いているということらしい。バイデン以外にもかなりたくさんのゴムマスクの影武者が存在しているという。

一体、何のためにゴムマスクで本人に成りすましているのかわからないが、当の本人はというとすでに逮捕されたり処刑されたりしている。果たして何の容疑で逮捕され、どんな罪でいつの間に処刑されてしまったのか。それを命じているのはトランプ大統領であり、米宇宙軍の部隊が実行しているらしい。そして偽バイデン大統領は、ホワイトハウスには立ち入ることができず、ホワイトハウスの執務室を模した撮影スタジオで執務をこなしている、という。

これ以上は、アホらしさに耐えられないので書かないが、実はこのような世界が見えている人はけっこう多いのだ。日本だけでも数万人はいるはずだ。こういった観点でトランプ情報や世界情勢を解説しているYouTubeチャンネルやTwitterのフォロワー数などから考えると、数万人規模で存在していると思われる。性別や年齢層までは不明だが、相当な数だ。

同じ時代に生きて、同じ世界を見ているはずなのに、どうしてこんなにも異なって見えるの

だろうか？　もちろん、視力の差ではない。それは考える力の差だ。

第1章から歴史的な観点も含めて書いてきたように、**私たちの「考える力」は奪われてきたのだ**。学校教育もテレビも、そしてスマホの普及も、私たちから「考える力」を奪い、その代わりに「与えられることに慣れきった脳ミソ」をあてがわれてきた。気がついた時には「与えられること」を大前提に生きている人が多過ぎる世の中になってしまったのだ。

「与えられ脳」には、勝てると信じていた選挙でトランプが敗北した現実を受け入れる強さもない。

「これは何かの間違いだ」と思いたい。

そこで「トランプは水面下で圧倒的勝利を手にしている」という情報を与えられると、「考える力」を持たない「与えられ脳」は何の疑いもなく情報を鵜呑みにしてしまう。なぜなら、心理的ストレスが緩和され、自分の信じていることを肯定される感じがするからだ。

またSNS、とくにYouTubeでは自分好みの情報が優先的に表示される特性がある。そのため、自分の考えや価値観に近い情報しか触れる機会がなくなっていくのだ。私たちの脳の特性上、繰り返しインプットした情報は定着する。とくに3週間以内に3回同じ情報に触れると、それは長期記憶として定着するという。そして一度定着したものは手放さないように無意識が働く特性がある。そして信じきった価値観や思い込みに反する情報はノイズとして適度にカットされ、思い込みが強化される仕組みになっている。脳の特性上、私たちは思い込んだ通りにしか世界を見ることができないようになっているわけだ。バイデンの影武者がゴムマスクを外して素顔を晒している場面を誰も見たことがないというのに、「考える力」のない脳は思い込みに合致した世界像を描いて見せてくれるのだ。自分を疑わなくていいように。

だから私は、YouTube動画の作成に際して、まず自分の見識や視点を疑ってかかるようにしている。

「この考察は真実からズレているかもしれない」

「これだけの情報では間違った解釈をしているかもしれない」

そしてその疑いを晴らすように、いろいろな角度から情報を取ったり、異なった観点でも考えてみるように心掛けている。同じ価値観に基づいて考えるにしても、できるだけ大きく全体を俯瞰する視点と、逆にもの凄く深くて狭い視点を同時に持つ思考訓練なども大切にしている。

「考える力」を高めていくには、自分の思考を疑うことから始めてみるべきではないだろうか。

R
R
L
L

Hint '03

【思考法のヒント③】

❖ひとつのテーマであなたの想いを巡らせるには？

□「シンプル・イズ・ベスト」という思い込みを捨てよ

□「シンプルに考える」とは無駄を省いたり、重要度の低いものを切り捨てる
ということではない

□様々な要素や情報を統合して昇華した結果がシンプルに見えるだけだ

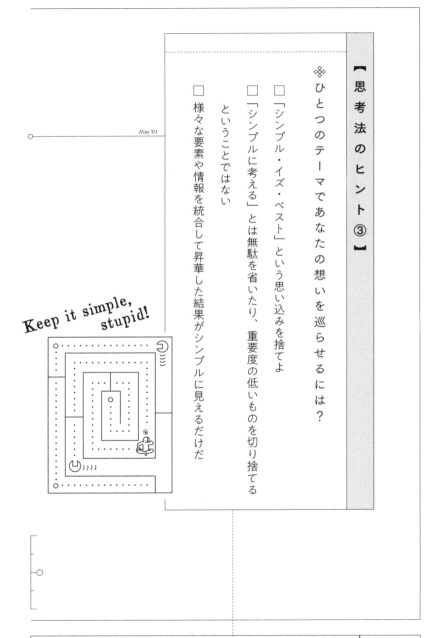

第4章

超管理型社会主義体制の近未来、ビッグデータを独占するGAFAM——［情報］

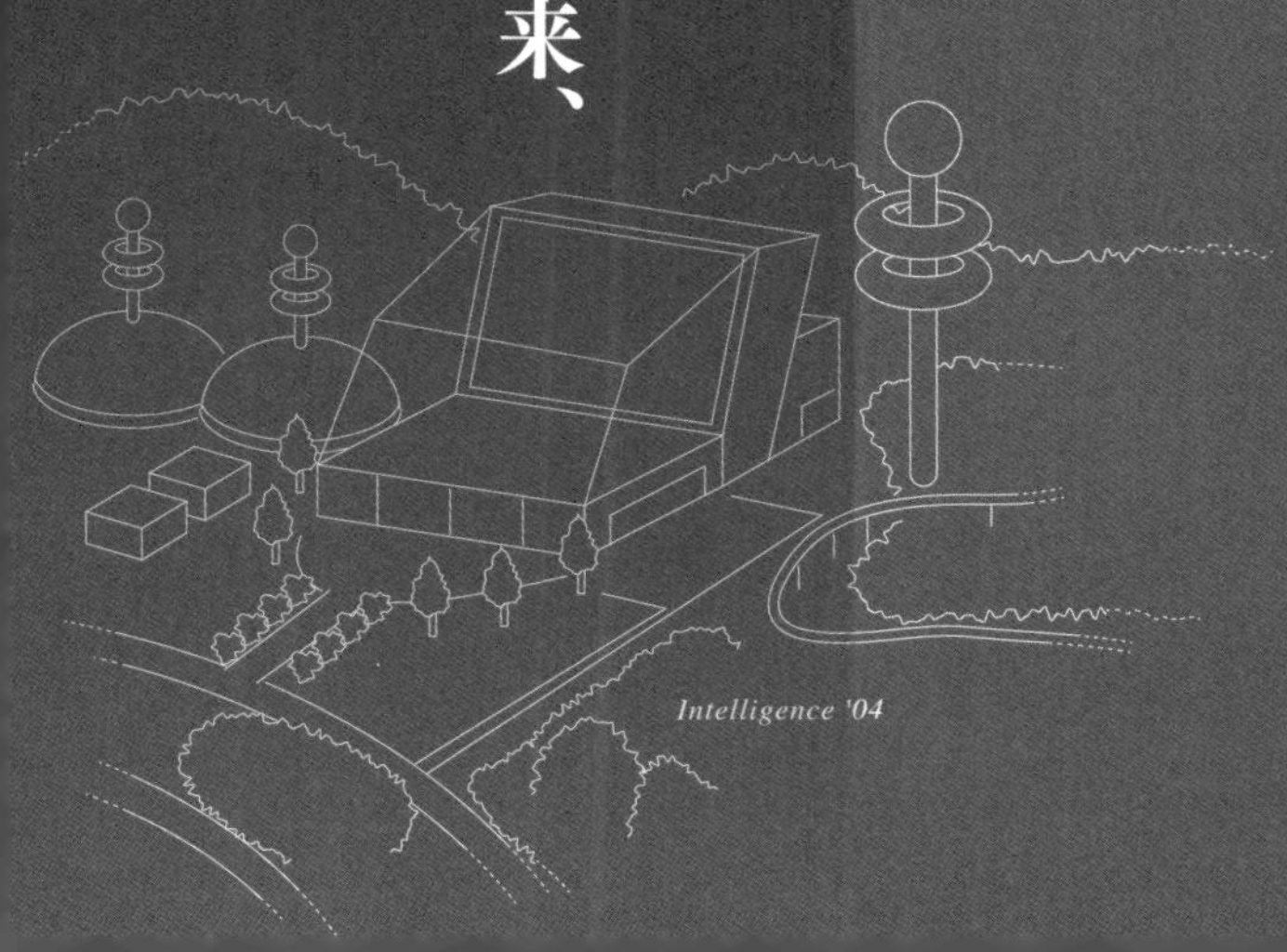

8 圧倒的な時価総額を誇るGAFAM

世界で最も時価総額の高い企業といえば、誰もが知っているGAFAM（Google、Apple、Facebook、Amazon、Microsoft）である。ビッグ・テック（Big Tech）5社の企業名の頭文字を繋げたものだ。

これら5大企業は時価総額において世界トップランキング6社の中に入っている。ちなみにGAFAM以外にこれらと肩を並べるもの凄く時価総額の高い企業がある。それはSaudi Aramco（サウジアラムコ）というサウジアラビア王国の国有石油会社だ。原油の生産量・輸出量ともに世界最大である。

2020年末時点での時価総額ランキングは以下のとおりである。

第1位　Apple
第2位　Saudi Aramco
第3位　Microsoft

第4位　Amazon
第5位　Alphabet（Google）
第6位　Facebook

ご覧の通り、Saudi Aramco 以外の企業はすべてＩＴ関連企業である。

時価総額というのは、その企業の価値を表す金額という意味だが、簡単に言うとその企業を丸ごと買うのに必要な金額ということになる。計算式で表せば【時価総額】＝【株価】×【発行済み株式の総数】だ。

しかし、ＧＡＦＡＭを1社丸ごと買うなどということはできない。そのくらい高額だ。世界第1位のアップルの時価総額などは、円に換算すると約２１０兆円（２０２１年3月末時点）もする。つまり、時価総額で世界のトップクラスになると絶対に買収される心配がないのだ。むしろ現金がなくても自社の株券で他企業を買収することすら可能だ。ＧＡＦＡＭ5社の時価総額の合計は、今や東証一部上場の全企業の時価総額合計よりも大きいのだ。とてつもない巨大さが窺える。

いずれにせよ時価総額世界トップ6社の内5社がＩＴ関連企業ということが何を意味するの

かを考えなければいけない。世界中のあらゆる産業の根幹を担っているのがＩＴ技術だということだ。すなわち、ＩＴがすべての産業にとって欠くことのできないインフラなのである。また多くのものがオンラインで繋がり、あらゆる情報が世界中で共有され、それが当たり前のように私たちの生活を支えている。産業どころか個人の生活さえＩＴなしでは成り立たない世界になってしまっている。ＩＴ分野にも様々なジャンルがあるのだが、それぞれのジャンルのトップがＧＡＦＡＭだ。情報検索、ソーシャルネットワーク、電子商取引、情報端末メーカー、アプリ市場、ダイレクトマーケティング、広告業、メディアといった分野でそれぞれ圧倒的に優位な地位を築いてしまった。

このように説明すると様々なジャンルを独占して、多様なことをやっている感じがする。しかし、本当にやっていることはひとつだ。たくさんの人（ユーザー）を集めて、その人たちから様々な情報を許可なく収集すること、収集した情報の分析と整理整頓を行うこと、それらを活用してさらに多くの人を集め、また人々を誘導することである。

ビッグ・テックと呼ばれるこれらの企業は、人類79億人の半数以上の生活にすっかり浸透し、時には私たちの思考や価値観を監視し、また時には情報をコントロールして私たちの行動や思想に影響を及ぼすまでになっていると言っても過言ではないだろう。例えば、世界中で13億人もの人々が毎日Facebookを30分以上閲覧しているというデータもある。そのように考えると、情報インフラなどと呑気に構えていられないはずだ。

GAFAMの人々に対する影響力は国家をも凌ぐほど強大になってしまっている。それがどのくらい恐ろしいことなのか考えてみる必要はないのか。それらは株主のために利益を上げ続けることを最優先にする民間企業なのだ。私たちは**このままGAFAMへの依存度を高め続けても本当に大丈夫なのだろうか？**

∞ すでに人類の大半はGAFAMの支配下にある?

2020年時点での日本の全人口におけるスマートフォン保有率は約80%となった。とくにこの4~5年で65歳以上の高齢者層と10代の若年層の保有率が大幅に伸びたことが要因と言われている。世界の先進主要国でのスマートフォン保有率も76%となり、世界的にもスマートフォンの普及率は上がり続けている。

今ではもう死語になってしまったが「IT革命」という言葉が盛んに使われていた2000年代は、インターネットへ接続できるのはPCだけだった。それが現在ではインターネットに接続する端末の大半はスマートフォンである。PCのOSシェア率ではMicrosoftが76%と圧倒的であるが、インターネット空間で使用されるOSのシェア率ではGoogleがMicrosoftを抜きトップシェアを取った。これはスマートフォンの普及率が大幅に伸びたことと、スマートフォンを持ったことで、人々はそれまで以上にインターネット接続を楽しむようになったことを意味している。

またスマートフォンの市場拡大に伴ってSNSを利用する人口も大幅に増加している。2020年時点で、SNSのトップに君臨するFacebookと子会社のInstagramは世界中に38億人のアクティブユーザーを抱えている。またGoogleが運営する動画共有プラットフォームのYouTubeは20億人以上のアクティブユーザー数を誇り、1日当たりの動画視聴時間は10億時間を超えている。世界全体の人口が約79億人とすると、単純計算で世界中の半数がFacebook（Instagram含む）のユーザーということになり、また20億人以上の人がYouTubeを使って毎日30分以上動画を視聴しているわけだ。

これを逆向きに見れば、スマートフォンを通して彼らSNSは毎日のように私たちのことを見ているとも言える。私が今月どんな情報に最も多くアクセスして「いいね」を何個押したのか、誰と友だちになったのか、その人との共通の友だちは誰なのか、今の私にとって必要な情報や動画はどれなのか、そんな問い合わせにも瞬時で回答できるくらい私たちのことを知っているだろう。そのうち家族や友人以上に私のことを知ってくれているようになるのではないか。便利でもあるが、何だかちょっと変だ。

これはSNSに限ったことではないだろう。先述のように、世界中のPCの半数以上に

Microsoft のWindowsが搭載されている。つまり世界中の半数以上のPCを通してユーザーに関する情報を握っている。検索サイトでトップのGoogleも同じように私たちに関するビッグデータを持っている。

ECサイト世界一のAmazonもスマートフォンの普及の恩恵を受けている企業だ。顧客の約80%がスマートフォンでショッピングをしている。中国市場からは撤退してしまったものの、世界全体でのシェアはトップである。昨年から続く新型コロナパンデミックの影響で、人々が店舗でショッピングを楽しむ機会は減少し、代わりにインターネット通販で様々なものを調達するようになった。購入履歴や閲覧履歴から私たちが何をどれだけ欲しているのか、どんな本を読み、どんな色とサイズの服を着ているのか等、家族以上に私たちのことをAmazonは知っている。

このように見ると、GAFAMによって世界中の半数以上の人が、生年月日、国籍、趣味、思想、仕事内容、人間関係、下手をすると年収に関する情報まで知られていることがわかる。だから私たちの趣味や思想、ライフスタイルに合った情報がいつでも提供される。Amazonで「おススメ商品」が提示されたり、同じ趣味の人たちが視聴した動画がおススメ欄に表示されたり、思わずクリックしたくなるような広告が表示されるのは、GAFAMが私たちのことをずっと見ているからだ。

これはもの凄く便利である反面、何も考えなくても好みの商品やマッチした情報がどんどん与えられるという弊害もある。GAFAMが把握している「私」という枠組みからはみ出すことが難しくなっていくのだ。極端に言えば、GAFAMによって「私」が定義され、GAFAMの提案にしたがって行動することで、履歴データによって「私」の定義はより強化され、私たちを「過去の自分」に閉じ込めてしまっていると言えないだろうか。

GAFAMへの依存度が高まっていくほどに、私たちは自分の価値観から遠いものや嫌いなものに触れたり出会ったりする機会を失っていくのかもしれない。彼らのビッグデータはそんなものを与えてはくれないからだ。**ビッグデータは過去の集積であって未来のデータではない。**

その意味では、世界中の情報に触れることができる環境になりながらも、人生を変化させるような未知なるものと出会うためには、自分のことを誰よりも分析しておく必要がある。何を捨てて、何を手に入れるべきか。

∞ SNS企業は何屋さんなのか？

スマートフォンの普及によって、私たちの多くはSNSを通じて情報収集するようになった。とくにYouTube、Facebook、Twitterは、今や新聞やテレビに匹敵する影響力を持っていることは疑う余地もない。

SNSを通して発信される情報は、例えば大統領選挙に関することや新型コロナパンデミックに関することなど、世界中の情報が瞬時に共有されるため、情報の鮮度が良く、また発信者の考え方や価値観が色濃く反映されやすいので共感を呼びやすい特性を持っている。一律に同じ論調でニュースを報じるテレビ各局とは、伝わり方の性質が異なっている。

ただ、これらのSNSはユーザーに対しては基本的に無料でサービスを提供している代わりに、広告掲載料で売り上げを立てている。世間一般的にはFacebookやYouTubeの業態をプラットフォーマーと表現しているが、無料サービスで多くの人を集めてきてマーケットを作り、そこへ広告を打たせることで広告料を稼いでいる。つまりSNSの実態は**「新しいマスメディ**

ア（パブリッシャーとも一般的に言い換えられる）」なのである。

マスメディアといえば第2章でこき下ろした新聞・テレビというイメージが強いのだが、それらオールドメディア、とくにテレビと収入構造はよく似ている。しかしSNSの方が広告媒体としての精度は格段に高い。先述のように、SNSプラットフォーマーはユーザーに関する様々な情報を収集しているからだ。アカウント登録する際に必要な個人情報をはじめ、どんな人たちと繋がっているのか、趣味嗜好は何か、どういった投稿記事や動画を閲覧しているのか、などの情報を握っている。SNSを通して得られるユーザー情報を分析すれば、どのユーザーにどんな広告を表示させるとマーケティング効果が最大化するのかがわかる。さらには、SNS広告は24時間いつでも営業してくれる。テレビ広告はそうはいかない。番組の間のコマーシャル枠の一瞬しか営業できない。このような情報分析や長時間の広告効果をオールドメディアで発揮するにはけっこうハードルが高い。

精度の高いターゲット・マーケティングが可能であるという点で広告主にとっては大きな魅力となる。2019年にはインターネット広告費がテレビ広告費を超えた。すべてがSNSに投じられた広告費ではないものの、広告という観点で見るとテレビと同等かそれ以上にSNS

の影響力は大きいのだ。恐らく2020年以降もインターネット広告費は伸び続け、テレビ広告費を引き離していくはずだ。人口の割合でいえば、まだインターネット上の情報よりもテレビ情報の方が正しいと考える人の方が多いかもしれないが、若年層を中心にテレビ離れが進んでいる状況を考えれば、逆転するのは時間の問題だろう。

マネーの流れがテレビなどのオールドメディアからSNSという新しいメディアに変わっていくということは、SNSの機能と役割が変わると考えることもできる。SNSは本来、ソーシャルネットワークなので、個人がそれぞれ繋がってコミュニケーションするためのツールであり、基本的には自由な表現活動が許される空間だ。しかし、**SNSもまた人を集めて市場を創り出し、そこに広告を打たせて収益を上げる構造である以上マスコミなのである。**テレビを観る人が減り、その代わりYouTube動画を観る人や、FacebookやTwitterをする時間が増加するならば、テレビが担ってきた「世論誘導」という役割をYouTubeなどのSNSが担っていくことになるのだ。

「世論誘導」したい側からすれば、SNSの普及はテレビなどのオールドメディア以上にコントロールしやすくなる。より効果的に世論誘導するのに必要な情報がSNSを通じて漏れている。**世界は今後、超管理型の社会主義体制へ移行していくと私は考えている。**その原因のひとつは私たちが「与えられ脳」だからであり、今後より一層、私たちの「与えられ脳」は与えられることに慣れきってしまうからである。そういった観点で考えてみると、Google（YouTube）やFacebookが時価総額で世界の頂点に君臨している理由が理解できるのだ。

∞ SNSの驚異的な情報統制力

Facebook や Twitter、YouTube といったSNSは、ユーザーである私たちがいつでもグローバルに他の人たちと繋がり、情報収集や情報発信を通じてコミュニケーションをするためのネットワークシステムである。したがって、ネット上で検索可能なものもあるけれどもSNSという一応は閉じたパーソナルな空間ということもあり、自己責任の上、自由な表現活動と言論が許された空間である。SNSの普及に伴って、多くの人がそれまで以上に自分の考えや意見を表現するようになった。そういう意味では「ネット上では、自分の言いたいことが堂々と言える」時代になったはずだった。

しかし、それは大きな間違いだったと痛感する出来事が起きた。2020年大統領選挙をめぐる不正疑惑騒動において、Facebook と Twitter、そして YouTube は私たちユーザーの知る権利と言論の自由を完全に妨害する側に回ったと言っていいだろう。

トランプ大統領支持派の多くが Facebook や Twitter、YouTube を使ってトランプを応援したり、あるいは不正選挙に関する情報を積極的に発信した。または、そういった情報に触れることで大統領選挙に関心を持つようになり、積極的にコンテンツの拡散に協力したり、自ら情報を発信するようになった人も多い。残念なことに、バイデン支持派が熱心に不正選挙ではないことを訴えている投稿記事や投稿動画をあまり観たことがない。

ところが、Facebook、Twitter、YouTubeは、トランプを応援する内容の記事や動画を規制する動きを見せたのだった。トランプは自身のTwitterで、度々、選挙において不正が行われたことをつぶやいていたし、自身のFacebookでも同様に不正が行われたことを主張する記事を投稿した。しかし、TwitterもFacebookもトランプの投稿記事を規約違反という理由で勝手に削除してしまった。それどころか、最終的にトランプの**アカウントを永久凍結処分としてSNSという言論の場から追放してしまったのだ。**

全米で数千万人、世界中で数億人のフォロワーを誇る現職の大統領の声を選挙期間中に勝手に削除するとは民主主義への挑戦としか言いようがない。加えて、一般のユーザーによる選挙不正に関する情報やトランプを支持する内容の投稿記事や動画も未だに厳しい規制の対象となっている。プラットフォーマー側の一方的な判断でトランプ支持の投稿記事や動画が削除されていった。また多くのトランプ支持者のアカウントが凍結されているのだ。しかし、バイデン支持者の投稿記事や動画が削除されたといった話は未だに聞いたことがない。つまり、**言論の平等はＳＮＳの中には存在しない**のである。先述のように、今はＳＮＳが新聞・テレビの代わりに世論誘導の役割を担っていることを考えると、言論の自由や平等といった綺麗事は関係ないのである。都合の悪い情報や言論は遮断され、誰にも届くことはない。

ＳＮＳに投稿される記事や動画はすべて検閲されているはずだ。規約違反の画像や映像、文言や言い回しなどかなり細かい部分まで検閲することは技術的には十分可能だ。私も自身のYouTubeを通じて動画を配信しているが、すべての動画を検閲されていると覚悟している。そのためＮＧワードやＮＧな言い回しによっては、ＡＩが即座に反応して規制を加えてくることが多い。極端に言えば、私がどれだけ有益な情報を発信したとしても、プラットフォーマーによって、その情報が誰にも届かないように規制されることもあり得るだろう。また**私がどれだけ検索をかけたとしても、特定の情報に辿り着けないようにコントロールすることもできるだろう。**なぜ、私たちはそのようにコントロールされなければならないのだろうか。

⑧ミッションは「人々に考えさせない」こと

ここ数年間、主要ＳＮＳのユーザー数と利用率はともに上昇の一途を辿っている。中でもYouTubeの影響力が大きく高まっている。その証拠に、毎日1人の割合で新規に芸能人が自身のチャンネルを開設していると言われている。そうすると、それまでテレビしか観なかった人がその芸能人を観るためにYouTubeの視聴者になる。

また、新型コロナパンデミックの影響による「巣ごもり消費」の拡大に伴い、YouTubeなどのオンライン動画市場は活況を呈している。総務省情報通信政策研究所が実施した２０２０年度の「主なソーシャルメディア系サービス・アプリ等の利用率調査」によると、日本におけるＳＮＳ利用率のトップはLINEで全世代の90・3％が利用している。第2位は動画共有プラットフォームのYouTubeで、全世代の85・2％の人が利用しており、第3位以下のInstagramやTwitterなどを大きく引き離している。YouTubeの利用率を各世代別に見てみると、20代以下の若年層では95％以上の人が利用している。筆者としては意外だったが、50代では81・2％、

60代以上の世代でも58・9%の利用率である。つまり高齢者の2人に1人はYouTubeで動画を視聴しているのだ。

今後は、間違いなくYouTubeがマスメディアとしての役割を担っていくと思われる。現在の50代の約80%がYouTubeを利用しているということは、20年後には全世代の80%以上の人がYouTubeで動画を視聴するという時代が来る。その分、国民のテレビの視聴時間は必然的に減るわけだ。このままテレビ各局が電波独占という既得権益を解放して多チャンネル化の改革を受け入れなければ、テレビというプロパガンダ機関は姿を消すに違いない。

ここで私たちは「危機感」を持たなければいけない。新聞とテレビが担ってきたプロパガンダ機関としての役割をSNSとりわけYouTubeが担っていく。プロパガンダ機関としての役割とは「世論の形成」「世論を誘導」「大衆への洗脳」である。テレビ時代に比べて、自宅にいなくてもスマホがあればいつでもどこでも視聴者はプロパガンダの標的になり得るのだ。しかも、テレビでは、どんな視聴者が観ているのかを把握するために視聴率調査などが必要であったが、YouTubeは視聴者の性別・年齢・趣味・価値観・思想など多岐にわたるパーソナルデータを把握している。先述のターゲット・マーケティングのように「ターゲット世論誘導」や

「ターゲット洗脳」という非常に効率的なプロパガンダが可能となるのだ。つまり、これまでも大衆洗脳のプロパガンダは大成功してきたが、今後はさらに精度の高いものとなるわけである。**一人ひとり個別にターゲットを絞った精緻なプロパガンダは、さらに私たちに「自分の頭で考えること」を止めさせる。**

今はまだ、一般人ユーチューバーも活躍できるプラットフォームだが、視聴者が増えればスポンサーも増えテレビ化していくはずだ。プロの映像技術や構成能力による動画が溢れてくることは明らかだろう。素人仕立ての動画は自然淘汰されていく。また、**今以上に表現への規制や情報統制などが強化されていく可能性も大いにある。**すでに現在、**新型コロナワクチンに関する情報は規制対象としてマークされており、とくにワクチンの危険性に触れた内容の動画は削除対象でもある。**自ら検索しなければ、そういった動画には辿り着けないのだ。

私たちに求められているのは、自分は何を知らなければいけないのか、そのためにどんな情報が必要なのか、ということに意識をしっかり向ける癖を身につけることではないだろうか。今一度、自分に必要な情報とそれを嗅ぎつける能力が備わっているかを確認しなければならない。

∞見えない脅威を与えられて、羊たちは飼い慣らされる

もう一度、この章の冒頭を思い出していただきたい。今やGAFAMそれぞれの時価総額は世界のどの企業よりも大きい。GAFAM全体の時価総額は東証一部上場企業全体の時価総額を凌駕している。経営を乗っ取られ、誰からも買収される心配はない。逆に株式を発行すればいくらでも資金が集まってくるため、世界中のどんな企業をも買収することは難しくないのだ。したがって、GAFAMにとって脅威となる企業やサービスが登場しても資金力で呑み込んでしまうことは容易いだろう。

GAFAMが最強なのは資金力だけではない。彼らは、私たち市民が情報化社会で生きていく上で必要なモノすべてを掌握してしまっている。世界中のパソコンとスマホを掌握し、新聞やテレビよりもさらに強力なプロパガンダ機関が私たちの情報をすべて管理・コントロールし、私たちがどこにいようともオンラインですべてのモノを購入させることまで可能なのだ。彼らの支配下に入らない暮らしをすることは不可能ではないが、多くの人にとってそれは難し

い選択だ。

このように考えると、私たちはGAFAMあるいはGAFAMの背後に存在する者たちの手のひらの上にいることが理解できる。

「支配の構造はそんな単純なものではない」

と言われる向きもあるかもしれないが、支配の構造はこのように単純なのだ。SNSが普及する以前も同じように単純な構造だったではないか。

新聞とテレビ以外に私たちの思考や価値観をコントロールしていたものはなかった。支配の構造は「教育」と「マスメディア（旧マスメディアから新マスメディア＝GAFAM）」の2つの要素で完成するのである。そしてこの単純な支配構造の原因は私たち自身にある。私たちが「理性・知性」ではなく「感情」の生き物だからなのだ。

歴史を紐解いてみると「支配の構造」にはある特徴がある。紙面の関係上、具体的に紐解いて解説はしないけれども、その特徴は「感情に訴えかける」やり方だ。「感情」といってもポジティブで気持ちの良い感情には訴えかけない。**常に「怒り」と「恐怖」を与えられて、私たちは動かされてきた。**「怒り」は分断を生み出すためであり、「恐怖」は思考を停止させるために与えられ続けるのである。

2001年9月のアメリカ同時多発テロ以降、私たちは「テロとの戦い」という構図を強制的に与えられた。それまでの「東西冷戦構造」による「怒り」と「恐怖」の付与構造から、「見えない脅威」というさらに洗練された支配構造へと変わり、そして現在、新型コロナウイルスパンデミックという「もっと見えない脅威」と「全体主義政策」によって「怒り」と「恐怖」が与えられ続けている。

支配構造を洗練化していくのは「支配構造」に気づかせないためである。気づかなければ、それについて考えることもできないし、抗うことも不可能だからである。**気づかせないためのプロパガンダであり、実態を見せないようにするための情報統制なのだ。**そして今、一人ひとりのスマホを通じて「怒り」と「恐怖」を与えることが可能な状態にまでなった。私という人間が普段から何を好み、どんな集団に属し、誰と繋がっているのか、あらゆる情報がどこまで筒抜けなのかもわからない。GAFAMには、おもいっきり筒抜けになっているに違いない。

私たちがバカから抜け出し、世界情勢などを読み解く鍵は、「支配」と「支配からの脱却」にあるのではないかと考えている。「支配」という最も大きな構造が大前提にあって、その中に「自由」と「不自由」が混在しているという視点で世界の事象を見なければいけない。もちろん、その世界情勢を読み解けたからといって、「支配」されている構造は変わらないが、私たち一人ひとりが、そのことに気づくことでしか、世界を変えることができないのも事実であろう。

∞すでにこの世は「人間牧場」だ

私が普段運営しているYouTubeチャンネル『SATORISM TV』は国際情勢や世界経済、金融問題などの時事ネタニュースを取り上げ、直近の未来予測などを織り交ぜながら世界全体がどのように動いているのかを解説している。

私の動画では、未来予測における結論を踏まえて制作している。それは「超管理型の社会主義体制で世界は統一されていく」という大前提である。**「超管理型の社会主義体制」**とはどんな社会なのかということを簡単に説明すると、「人間牧場」のような世界なのだ。「人間牧場」という響きは何となく怖い感じもするが、先述の通り、多くの人々がプロパガンダによって、かなりの部分の感情と思考をコントロールされて生きているわけだ。したがって「人間牧場」といってもそれは本質的に現在と大きく変わらない延長線上のカタチだと言える。**「人間牧場」だけに、多くの人々が飼い慣らされて生きているような社会へと向かっているの**であり、それは現在の新型コロナウイルスパンデミックによって加速していると私は考えている。

法律によって着用が義務づけられているわけではないのに、私たちは、いつしか当然のようにマスクを着用するようになってしまった。しかし、市販のマスク着用による感染防止効果は医学的には認められていない。とくに布製のマスクやウレタン製のマスクでは新型コロナウイルスに対する感染防止効果は全く認められていない。それなのに、マスクを着用していれば「濃厚接触者」にはならないという意味不明な基準を受け入れている。

また「無症状者がウイルスをばら撒いて感染が広がっている」という公式のデマを何の疑いもなく受け入れて、「飲食店の夜8時以降の営業を自粛するべきである」というアホな政策にパンデミック終息の効果があると鵜呑みにしている。自分たちが一生懸命に積み上げてきた日本経済を自分たちで破壊しているのだ。そして、よくわからないままワクチンを与えられて接種させられている。このワクチンが治験中であるという事実を知った上で接種している人はほとんどいないだろう（知っているにも拘わらず、打っている人もいる）。

新型ワクチンを接種した者が数年後にどのような末路を辿るかということについての解説は、本書のテーマから逸脱するので差し控えるが、要するに、**何も考えないまま綺麗に操られている人が圧倒的に多い**ということだ。この羊たちの群れをコントロールするためのプロパガンダを垂れ流しているのがテレビであり、プロパガンダに反する情報を統制しているのがGAFAMなのだ。

「新型コロナウイルス影響における自宅インターネット利用に関する意識調査」(ニフティネクサス 2020年7月)によれば、自宅で過ごすことが多くなって以降、インターネットを利用する時間が増えたと回答した人が全体の45%もいた。しかも平日の日中に利用する時間が増えたと回答した人が約75%、そのうち動画視聴に割く時間が増えたと回答した人が約65%、SNSを利用する時間が増えた人が約40%である。このアンケート結果だけでは一概には言い切れないが、多くの人がコロナ禍でYouTube動画を以前よりもたくさん視聴していると考えられる。またFacebookやTwitterなどのSNSも以前より長時間利用されていることがわかる。

PCまたはスマホを利用してインターネットへ接続する時間が増加したということは、私たちが何に関心を持ち、どんな検索ワードを入力し、どんなサイトを何時間閲覧したのか等の情報がGAFAMに掴まれているということである。リアルタイムに世論の動向を掴めるという意味で、GAFAMの重要性と影響力は一段と増している。この世界の本当の実態や支配の構造について、羊たちを無知・無関心のままにしておくために、どのようなエサ(情報)を与えておくべきかという重要な機能をＧＡＦＡＭが担っていることを理解して、世の中を見なければいけないのだ。あなたの場合、どんなエサを与えられているのだろうか？

∞ 超管理型社会主義体制が世界を席巻する

「ポリティカル・コレクトネス（Political Correctness）」という概念がある（巻頭「バカのための常識クイズ」P5参照）。意味は「政治的正統性」ということになるのだが、社会の特定の層に、不快感や不利益を与えないように配慮された言語表現、社会政策を示す言葉である。つまり、「社会全体に受け入れられる表現であること」が求められているのである。だが、どんな場合にどんな表現が不適切なのかということが具体的に取り決められているわけではないので、表現者がどこまでポリティカル・コレクトネスに配慮するかによるところがある。

新聞やテレビはもちろんのこと、最近では、普及率の高まりとともに主要SNSにおいてもポリティカル・コレクトネスに配慮した表現が求められるようになってきた。問題は、「社会全体に受け入れられる表現ではない」という理由で、過剰に情報統制や言論封殺が行われていることである。昨年の米大統領選挙における不正選挙騒動以降、とくに政治的な情報発信に関してはFacebook、Twitter、YouTubeで検閲が顕著になっている。

前項で示した通り、コロナ禍で私たちのインターネット接続時間は増加し、とくにYouTube視聴時間が大幅に伸びている。1人当たりの1日の可処分時間は増加していないので、娯楽に割かれる時間は同じだと考えると、**コロナによって、テレビを観る時間が減り、YouTube視聴時間に切り替わったと考えて差し支えないだろう。**したがって、視聴者数が大幅に増加した分YouTubeはとくに検閲を厳しく行い、不適切な情報や言論を排除しまくっているのだ。もちろん、そこには幾多の規制をかけられながら動画配信を余儀なくされている私個人の憤怒も混ざっている。

このSNSにおけるポリティカル・コレクトネス（言論表現の不寛容さ）をどのように解釈するかについては議論の分かれるところだと思うが、私はこれを非常に危険な傾向だと感じている。というのも、新聞やテレビなどの巨大マスメディアに対して一定の許容範囲内で情報規制が張られたり、表現の適正さが求められることは致し方ないと思うのだが、**ソーシャルネットワークという個人間の繋がりを大前提とする情報空間の場で、個人の言論や表現に対して過度にポリティカル・コレクトネスを求めることは、情報統制や言論統制に繋がっていく**と思うからだ。

なぜ、**新聞やテレビが一定の範囲内で情報規制や表現の適正さを課されても仕方がないのかというと、かつては国民にとっての情報源や言論を傾聴する場がそれしかなく、圧倒的多数の国民に影響力を持つことになるから**だ。とくに**テレビ局は相当な既得権益を持っており、電波という限られた国民の財産をわずか数社が独占している、しかもそれが大手新聞社系列なのだ。**国民の大半への影響力とその独占という地位にある以上、情報発信にはある程度の配慮が求められて然るべきだと思う。しかし、彼ら主要マスコミは自分たちの都合に合わせて「国民の知る権利に応えるための言論の自由」を求めたり、逆に都合の悪いことは「報道しない権利」と言ったりするので、本来のマスメディアとしての社会的機能を果たせてはいない。

一方で、個人の責任で表現し、それを別の個人が自由意思と自己責任で受け取るし、嫌なら受け取らないという仕組みのSNSにおいて、動画や投稿記事を検閲したり、特定の情報を取り扱えないとか、特定の言葉が規制されたりする必要性がどこまであるのだろうか。実際問題、大統領選挙関連の情報や新型コロナウイルス、ワクチンに関する情報を発信しているYouTube動画では、ユーチューバーたちは隠語や独自の暗号表現などを多用して何とか規制に引っ掛からないよう努力している。**しかし、そうせざるを得ないのはユーチューバーたちの言論の自由**

が奪われているからであり、隠語と暗号だらけの動画が世の中に溢れていることが言論統制の証拠でもあるのだ。

私たちにとって「言語表現」というのは非常に重要なことで、私たちは「言葉」があるから認識することができるのだ。「言葉」がなければ認識したりイメージしたりすることは不可能なのだ。そして「共通の言葉」があるからこそ、認識やイメージを共有し、考えを伝達することが可能となる。**あくまで個人間の繋がりで広がっていくＳＮＳ空間で、言葉を奪われていったり情報を制限されたりすることは、私たちが思考したり、価値観を認識したりする能力を奪うことに繋がる危険性を孕んでいる。**「自分思考・自分価値観」ではなく「他人思考・他人価値観」で生きる人を増やしてしまう。そして、それはやがて先述の「人間牧場」へと繋がっているという視点を持ち続けなければならないのだ。

∞世界の覇権は米国か中国か、それとも――

国際政治の舞台では、世界の覇権を巡って欧米諸国と中国との対立が激しくなっている。原稿を執筆している2021年7月現在、NATO連合軍による軍事的な対中包囲網は着々と完成しつつあり、そこに日本、インド、オーストラリア、台湾、フィリピン、インドネシアなどアジア・オセアニア諸国も加わり、中国は追い込まれつつある状況である。もしかすると、この本が発売される頃には最悪の展開に発展していないとも限らない。そのくらい緊迫した状況にある。

一般的な理解としては、次の超大国として世界の覇権を握ろうとする中国共産党と、それを抑え込んで覇権を渡すまいとする米国の覇権争いが軍事的な緊張にまで発展しているということになるのであるが、果たして国家というものが世界の覇権を実質的にどの程度握っていると言えるのだろうか？　と思うところもある。国家とは自らの国境の中に閉じ込められた不自由な共同体であり、入れ物のような役割を果たしているだけかもしれない。国境に縛られず世界中を自由に駆け回るものが本当の覇権力を持っているわけだ。つまり姿を変えながら世界中を自由に飛び回るマネーこそが覇権力であり、マネーを最も大きく動かしている者が世界の覇者なのだと私は考えている。これについては歴史研究家・林千勝先生の著書『ザ・ロスチャイルド』が世界の支配構造を理解する上で詳しい。とは言え、いきなり「ロスチャイルドが世界を牛耳っている」と解説しても何の意味もないので、マネーというものが国家よりも自由に世界中を飛び回り影響を及ぼしているという観点で考えてもらいたい。

章の冒頭でも説明したが、GAFAMと呼ばれているテック企業5社はその時価総額において、石油会社のSaudi Aramcoを除けば世界のトップ5である。したがって誰からも買収される脅威はなく、逆に莫大な資金力にものを言わせて世界中の優良企業を買収しまくっている。このことは何度も折に触れて言及してきた。

昨年、Microsoftは仮想ネットワーク分野の企業を買収し、AppleはスポーツのVR配信を手掛ける企業を買収、FacebookはGIF画像検索エンジン企業を傘下に収めた。戦略的に必要な技術やインフラは自社開発するよりも買ってきた方が早いというわけで、世界中の魅力的な技術力をさらにGAFAMが独占していくという構図ができ上がっている。それから新商品や新サービスが打ち出され、彼らが市場を席巻していくのだ。そしてさらに時価総額が上昇するというスパイラルである。新型コロナパンデミックによって世界中で経済的損失が問題となる中、GAFAM5社はコロナ禍においても利益を拡大させている。利益拡大の大きな要因は、自社株や投資先の株価上昇と世界中がリモート化に大きく変化したことによる需要拡大だと言われている。しかし、GAFAMがコロナ禍の不景気に影響されないのは、需要の大きな市場を独占しているからではない。GAFAMがあらゆる産業の最も川上に位置し、全産業のインフラを握っているからだ。世界中のほぼすべてのパソコンのOSを独占し、スマホなどの端末を製造し、巨大サーバーで全人類の情報を掌握し、クラウドサービスや、人や情報と繋がれるプラットフォーム市場も独占し、生活に必要な物資をネット上で購入できる世界最大のマーケットも運営している。あらゆる産業は彼らの手の中でビジネスを展開している構図なのだ。

2017年にデンマークがGAFAM担当大使なるものを任命したように、一部の国ではGAFAMに国家と同等の立場を与えて関係性を持とうとしているという。またGAFAMの大株主であるオーナーたちの中には、財団などを通じて政治的影響力を行使する政治活動家として存在感を増す人物も出てきている。

例えば、Microsoft創業者のビル・ゲイツ氏は自身の財団を通じて世界保健機関（WHO）に多額の寄付をしている。民間からの寄付としては断トツであるだけでなく、世界各国の政府と比べても、アメリカに次ぐ第2位の高額寄付者である。日本国よりもWHOにお金を出しているのだ。さらには、GAVIアライアンスというワクチン接種を推進する世界同盟の創始者でもある。これは捉え方の問題もあるかもしれないが、このように見ると、ビル・ゲイツ氏が「コロナ対策のために世界中でワクチン接種をするべきだ」と言えば、WHOはその発言を無視できないので、各加盟国に対してワクチン接種を強要するという構図が成立する。

GAFAMの人類に対する影響力は特別に大きいが、しかしGAFAMが初めてなのではない。歴史を辿ってみれば、超巨大な資本家が頂点に君臨して、その下に財閥系企業が世界中の企業の株主として経済界を牛耳り、そこから得た莫大な利益を社会に還元することで超巨大な資本家は政治活動家としての発言力を持ち、それを受けて政治が動くという構図は同じなのだ。まさに資本に国境も規制もないのである。

∞ 2025年、多くの羊たちは消える

この章の最後に、ショッキングな内容だが非常に重要な情報を読者の方と共有しておきたいと考えている。米国に「deagel.com」という世界の軍事関連の統計データを集計し公表しているインターネットサイトがある。その「deagel.com」が2017年と2019年に行った「2025年の世界人口動態予測」というデータがある。この人口予測の内容が衝撃的なものであったため、一部の人の間で話題になっている。

「deagel.com」の予測によれば2025年には欧米の先進国は軒並み人口が激減している。とくに衝撃的なのが米国の人口予測で、なんと1億人を割る9953万人と算出されていることだ。現在の人口の7割減である。イギリス、フランス、イタリア、オランダなどは約2000万人の人口減少となり、ドイツに至っては人口が半減すると予測されている。また欧米諸国だけでなく日本、韓国、タイなどのアジア、イスラエルなどの中東諸国も大きく人口減少すると予測されている。

2017年の時点でとくに西側先進国において人口が激しく減少しなければならないような問題は見受けられない。それどころか、どの国も国民の平均寿命が延び超高齢化という問題を抱えている。出生率は低下しているが、ほとんどの国民が長生きするので、人口が急激に減少するという要因は差し当たってないはずだ。

考えられる要因としては「戦争」と「疫病の蔓延」だが、どれだけ大規模な戦争といっても人口が半減するほどの人的被害を出すということは考えられないので、戦争が原因だとするならば「核戦争」しか考えられない。だが「核戦争」となれば一方だけが人口減少することは考えにくく、全人類が滅亡する危機を孕んでいる。また、疫病の蔓延という要因についても、今まさに新型コロナウイルス感染症が世界中に蔓延してはいるが、WHOが公表している致死率から考えても医療制度が充実した先進諸国で人口激減が起こることは考えられないし、実際のところ先進諸国での新型コロナ感染症が原因で亡くなった人の平均年齢は80歳を超えている。つまり新型コロナウイルスは私たちの平均寿命を押し下げているわけではないのだ。もっと致死率の高い変異型ウイルスが誕生しないとも限らないが、ただ「deagel.com」の説明では2025年の人口減少予測は核戦争や不治の疫病蔓延を想定したものではないという。しかし、それ以上に詳しい説明はなされていない。

これは私の個人的な憶測に過ぎないのだが、そして私自身は医学的な専門家ではないということを断った上での推察として読んでいただきたいのだが、「deagel.com」の人口動態予測では激しい人口減少が発生する地域は主に西側先進国とアジアの一部、イスラエルなどの中東地域だけであり、それ以外の地域では人口増加、もしくはわずかな人口減少に留まると予測されている。

「deagel.com」の人口動態予測では人口激減とそうでない地域にはっきりと明暗が分かれるのだが、2つに分かれるという意味で当てはまるのが、世界規模で進んでいる新型コロナワクチン接種だ。現在、世界各国にワクチンを供給している製薬メーカーはたくさんあるが、ワクチンの種類という意味では大きく分けて2種類である。最先端技術によるmRNAワクチンと従来型の不活化ワクチンだ。そして、この最新型のmRNAワクチンは急ピッチで開発されたため、通常の治験期間を大幅に短縮して完成され、緊急使用許可という名目で各国がワクチン接種を行っている。

しかし、この最新型のワクチンについては世界的権威の医学分野の科学者たちが危険性を訴えているのだ。人体に起こり得る弊害のメカニズムについては紙面の関係で割愛するが、要するにワクチンによって自己免疫機能が暴走を起こし体内の各器官を破壊することで、接種者は数年で死に至る可能性が高いというのだ。こうした危険性を訴える科学者の中にはノーベル賞受賞学者やワクチンメーカーの元研究者などもいる。それだけに科学的には無視できない警告だと私は思っている。

そしてｍＲＮＡワクチンを採用しているのは、欧米諸国をはじめとする西側陣営の国々が多い。もしも、世界的権威の科学者たちが鳴らす警鐘が正しいとしたら、「deagel.com」による人口減少予測は当たっていたということになる。しかし、米国政府が12歳以上の未成年者へのワクチン接種許可を出した２０２１年5月10日に、「deagel.com」はこの人口動態予測データを閲覧不可としてしまった。

以上のような考察を含んだ解説動画を、ワクチン接種をするか否かのひとつの判断材料として活用してもらうために配信したところ、YouTube側の独断ですぐさま動画は削除されてしまった。その動画のリンクを貼りつけたTwitterも投稿記事を削除された。私のチャンネルではそれまでにも新型コロナワクチンの危険性を示す情報を動画にしてたくさん配信してきたが、削除されたのは初めてである。

その動画を即座に削除されたことによって私や視聴者の多くは、動画の内容が真実であることを確信したのだが、世間の多くの人々はインターネットの情報は嘘情報ばかりなので信じてはいけないと思っている。だが、そういう情弱の羊たちに伝えたい。

心配しなくてもＧＡＦＡＭが支配するインターネット空間から、羊たちが知ってはいけないような真実の情報は数年以内に完全排除されるだろう。

そして、羊たちが安心して信用できるような虚飾と欺瞞の情報が整備されている場となるのだ。

Hint '04

【思考法のヒント④】

❖「支配」ということについて考えてみよう

□武力によって抑え込むことが真の支配力ではない

□真の支配とは他者の思考をコントロールする力である

□スマホの普及によって一人ひとりがネット接続可能になることで真の支配構造は完成に向かっているかもしれない

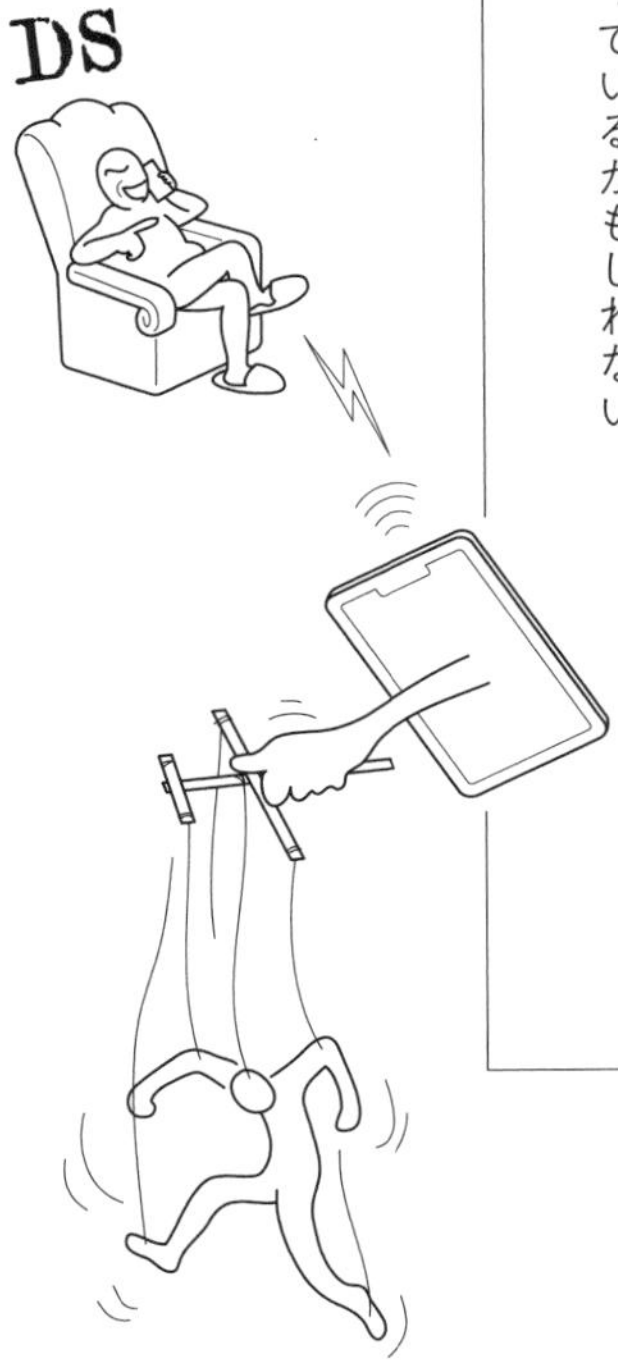

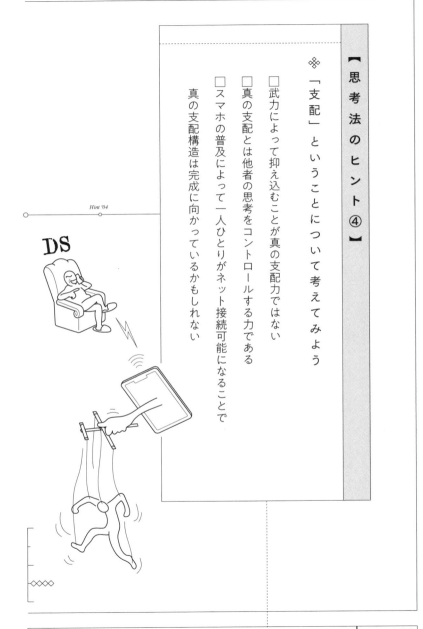

第5章

バカを脱出するための思考法——［感情］

∞世界を一変させたコロナパンデミックとは何か？

２０１９年12月、中国の武漢市で発生した新型コロナウイルスによる感染症は、翌２０２０年2月には日本にも広がり瞬く間に世界中へ広がっていった。大正時代に世界中で猛威を振るった「スペイン風邪」以来の疫病蔓延となった新型コロナウイルスパンデミックは、発生が確認されてから1年半以上経過した現在も終息する気配がない。

テレビをはじめとする主要マスコミは連日、朝から晩まで新型コロナウイルス感染症の「新規感染者数」や「死者数」を延々と垂れ流し、「与えられ脳」の私たちは「治療法のない恐ろしい疫病が大流行している」というイメージを刷り込まれていった。とくに、テレビしか情報収集源を持たない情弱な高齢者層の多くは、マスコミによる大衆煽動の通りに物事を思考する「与えられ脳」傾向が強く、内心は誰よりも恐れおののき、朝から晩までテレビにかじりついているのだろう。この傾向は何も高齢者に限ったことではなく、老若男女を問わず日本国民の大半がテレビによってつくられた「新型コロナウイルス感染症」のイメージを刷り込まれていると私は思っている。

テレビによって刷り込まれたイメージが真実に近いものであれば何の問題もないのだが、果たしてどうなのだろうか。現実に起きている現象を数字で見ていくと次のようになる。

パンデミック発生から1年半以上の時間が経過し、国内の感染者数の累計は約166万人（2021年9月現在）である。1年半以上も同じ感染症が継続して猛威を振るうというのは確かに異常事態だが、逆に言えば、1年半以上の長期に渡って蔓延しても日本全体で約166万人の感染で留まっているとも言える。厚生労働省をはじめ様々な情報機関が新型コロナウイルス感染症に関する統計データを発表しているのだが、不思議なことに日本全体の現在の感染率を打ち出しているサイトは少ない。なので、単純に人口1億2千万人のうち、どのくらいの割合が感染したのかを計算すると約1・4％となる。もっと精緻に分析をするならば、PCR検査の結果で「陽性＝感染」となっているので、実際に検査を行った母数における感染者数で見ると、PCR検査実施数が約2248万回（2021年9月現在）に対する感染率は7・38％と上昇する。感染率7・38％という数字を見て、どのように感じるかは正直、人それぞれなのだが、全国的に蔓延して1年半以上が経過しても国民の9割以上が未だ感染していないという事実には間違いない。だがテレビは事実をわかりやすくストレートには報道しないのだ。

例えば「1・4」という数字が持つインパクトと「1日当たりの新規感染者数、観測史上最多記録」という表現が持つインパクトでは後者の表現の方が「感染拡大が止まらない」というイメージに近くなるのではないだろうか。

事実、マスコミは「月曜日の新規感染者数としては最多」とか「5日連続の感染者数減少に歯止め、増加に転じる」など、どちらかと言えば何となく状況が悪化しているようなイメージになる表現を多用してきた。しかし、どれだけ「悪いイメージ」の情報を積み上げても、9割以上の国民は未だに感染していないのである。

コロナ感染症による死者数は執筆現在で約1万7000人に達している。毎年流行する季節性のインフルエンザの感染者数は毎年1000万人を超えている。そしてインフルエンザによる死者数は約1万人ということなので、新型コロナ感染症は、感染者数が季節性インフルエンザよりも圧倒的に少ないのに、死者数ではインフルエンザを超えている。

このように比較してみると、やはり新型コロナウイルス感染症は致死率の高い恐ろしい疫病なのだと思ってしまう。だが、コロナ感染症が原因で亡くなった人の平均年齢は約80歳となっており（2021年9月現在）、死者の大半が70代以上の高齢者である。単純比較できるものではないのだが日本の平均寿命とそれほど大差はない。つまり、この新型コロナウイルス感染症という疫病は、多く見積もっても全体の7％程度しか感染せず、稀に重篤化して死亡してしまうこともある病気だが、全体の平均寿命を大きく引き下げることはない病気なのだ。よほどの重い持病を患っていなければ、感染しても平均寿命は全うできる可能性の高い病気なのである。

だからといって「感染してもいいのだ」と言いたいわけではない。感染しないに越したことはないのは言うまでもない。何が言いたいかというと、**「新型コロナウイルス感染症」という事象が表現の仕方によって随分と受け取るイメージが変わるということだ。**他の何と比べて論じるのか、どんな時間軸の幅で対象を切り取って論じるのか、数字で表現するのか、抽象的に表現するのかなど、イメージをコントロールすることは簡単なのである。そして、**受け取る相手が、できるだけ何も考えずに素直に受け取れば、なおさら印象を操作することは容易い**のだ。

◯私たちはコロナパンデミックと向き合えているのか?

2019年12月に中国・武漢市で確認されたとされる新型コロナウイルス感染症は、驚異的なスピードで世界中に蔓延してしまった。中国政府が国内での感染拡大を情報隠蔽したために各国政府の防疫対応に遅れが生じたと言われている。

日本でも2020年2月にはクルーズ船の集団感染から国内感染へと広がったという見方がある一方で、各国が旅行者などの入国規制をかける中、我が国は2020年4月になるまで団体ツアーの中国人観光客を何の対策もないままザル入国させていた。現在、表向きは外国人の入国規制をやってはいるが、**「特段の事情」という理由で毎月数千人の外国人(とくに中国人)に対し入国許可を出している。**海外の方が感染状況は深刻であるのに、特段の事情で際限なく入国させていれば、国内の感染状況も悪化するに決まっているではないか。菅政権からは国内の感染状況を解決する意思を感じ取れない。

それなのに東京では4回目の緊急事態宣言が発令され、夏の野外フェスなどは中止を余儀なくされている。しかし、そのくせ東京オリンピックでの感染確率は低いという全く意味のわからない理由で有観客開催を強引に行おうとしている。結果的にオリンピックは無観客開催となったが、とにかく何の理屈もないチグハグな対策なのだ。

とくに日本は諸外国と違って「ロックダウン」という強制的な政策を採らずに、ひたすら「自粛モード」という名の同調圧力に頼って感染拡大を食い止めようとしている。どちらかというと、感染拡大を食い止めようというよりは、飲食・観光・アミューズメント業界を中心に日本経済をボロボロにして弱者（中小零細企業）を潰そうとしているように感じるのは私だけだろうか。政権発足時に菅総理は、生産性の低い中小零細企業は淘汰されるべきという考え方を示している。まさに飲食・観光・アミューズメント業界の中小零細企業を中心に潰しにかかっていると言えるのではないだろうか。

安倍政権時に国民1人当たり10万円の一律給付金をばら撒いたが、あれが生活困窮に対する臨時保障だったのか、それとも景気刺激策だったのか誰にも意図が伝わっていない。「Go Toキャンペーン」も同様だ。飲食店業界に対しては時短営業や酒類提供など自粛の協力をお願いしておきながら、政府の要請に従わない業者や店舗に対しては罰則や金融機関からの融資凍結などの強硬策をチラつかせて恫喝を行っている。それなのに、あくまで「自粛」であり、決して「強制」ではないという論法で利益補填などの補償はほとんど行われていない。

そもそも、なぜ夜間の飲食店営業が感染拡大の温床のように認識されているのか？　それならば季節性のインフルエンザの流行も国民が夜の繁華街で飲食することが原因だったということになるのだろうか？　本当に無症状の人がウイルスをばら撒いて感染が広がっているのだろうか？　それについてどのような医学的エビデンスが示されたであろうか？

政府やマスコミは、この新型コロナウイルス感染症は罹患しても半数近い人が無症状だと説明する。また先述のようにパンデミック発生から1年半以上の月日が経過しても人口の9割以上の人は感染していないのだ。国民の9割以上が感染しておらず、感染しても多くの人が無症状だという病気に対して、元気で健康な国民を総動員して新型ワクチンを接種する意義はどこにあるのだろうか？　ワクチン効果の一例として、季節性インフルエンザのワクチン接種をする人数は年々増加しているにも拘らず、インフルエンザによる死亡者数も年々増加傾向にある。これは事実であり、コロナパンデミックを終息させるための大規模ワクチン接種が本当に有効なのかを判断するためのエビデンスとなるはずだ。

しかし、どれだけの日本人がこのような論調の批評に関心を示してくれるだろうかとも思うのである。国民のほぼ全員が、パンデミックが早く終息してくれることを願っているとは思うが、このままで本当に元のライフスタイルを取り戻せるのかということを、自分の頭で考えようとしている国民は全体の何%くらいいるのだろうか。

◎私たち自身が創造したコロナパンデミック

どうして私たちはマスクを着用しなければならないのか？　法律によってマスク着用を義務づけられているわけでもないのに私たち日本人はほぼ全員マスクを着用している。ＷＨＯ（世界保健機関）はマスク着用に感染防止効果がないことを明言している。なぜならば新型コロナウイルス自体はもの凄く小さいため、市販のマスクの網目などは余裕で通り抜けてしまうからだ。そう、新型コロナウイルスからすれば、マスクなど存在していないようなもの。つまり私たちは、感染リスクが軽減するわけでもないのに息苦しい思いだけをし続けているのである。

マスクの感染予防効果についてはマスコミがほとんど取り上げないものの、ネットで調べれば簡単に知ることができるので、マスク着用に大した意味がないことを知っている日本人も多いはずである。それなのに私たちがマスクを外すことができないのはどうしてなのか。それは日本人の多くが自分の意見と自分の価値観を尊重しない生き方をしているからである。

これはマスク着用の話に限ったことではない。例えば他府県を跨ぐ旅行は控えなければいけないという発想が、なぜ当たり前のように常識化しているのか説明してほしい。先ほど「マスクには感染防止効果などない」と書いたが、百歩譲って、世間の多くが信じているように「マスク着用には感染防止効果がある」として考えてみよう。そうするとマスクを着用していれば、誰がどこへ行こうとも感染拡大を助長することはないということになるではないか。何ゆえ「他府県へ旅行するな」という意見がまかり通るのか説明してほしい。マスクを着用していても旅行すれば感染拡大するというなら、結局のところマスクには感染防止効果がないということを認めることになる。どっちなんだ？

アホな論調の犠牲になっているのは旅行・観光業界だけではない。外食産業とりわけ居酒屋などの夜の繁華街を支える飲食店業界やアミューズメント業界への影響は甚大である。**最初の緊急事態宣言が発令されてから数カ月で私の住む街からいくつもの飲食店が姿を消した。小さな個人店だけではなく大手のチェーン店までもが閉店した。**昼間はお酒を提供してもかまわないのに、何ゆえ夜の7時以降は酒類の提供を自粛しなければ感染が拡大するのか説明してほしい。夜の8時を超えたらウイルスの活動が活発化するという研究論文でもあるのか？　酒が感染拡大の原因となっているのか、あるいは夜の8時以降の感染拡大が顕著なのか。家でも酒を飲むし、夜の8時は毎日やってくるわけだから、飲食店だけが自粛要請に応じなければならない理屈を誰か説明してほしいものだ。そして全国の飲食店が律儀に自粛営業をがんばっているが、肝心のパンデミックは終息の方向に向かっていると言えるのか？

説明のつかない感染防止対策を律儀にやっているのは飲食業界だけではない。国内のほぼすべてのオフィスでデスクごとにパーティションを立てたり変なビニールシートを天井から吊り下げたりしているが、それでウイルスを含んだエアロゾル感染をどの程度防止できるという根拠があるのだろうか。窓口業務のスタッフがフェイスシールドやマウスシールドを装着している光景もよく見受けられるが、マスクですら通過してしまうほどウイルスは極小なのに、シールドのように前面しか防御できないものを着けて何がしたいのだろうかと思う。何かの襲撃を恐れて備えているわけでもあるまい。

すべてとは言わないが、世間で実施されている大半の感染防止措置は大した根拠もなく行われているのではないだろうか。そして私たちの多くは、全国で実施されている感染防止措置に本当に効果があるのかを問わない。他の人たちがやっていることを漫然とやっているだけなのだ。つまり、自分だけやらないわけにはいかないので、ちゃんとやっているポーズを取っているというわけだ。

私は、一番深刻な問題はウイルスによるパンデミックよりも、**自分の頭で考えない「与えられ脳」の人たちによる思考停止のパンデミックだと思っている。**少し落ち着いて考えてみれば、このように様々な点で理屈の通らないことだらけなのに、マスコミを通じて展開されたプロパガンダを何でも受け入れてしまっているので、「この防止策にどんな科学的根拠があるのだ？」などと面倒臭いことはイチイチ言わない人がほとんどだ。しかしどれだけ無意味な感染防止措置であっても、全国・全世界で一斉に実行されてしまえば、それが最も有効な感染防止措置であるという「現実」が社会に構築されてしまう。

一度構築されてしまった「現実」を多くの人が共有すれば、それが「常識」となって大衆に浸透する。そして「常識」は自分ひとりでは覆すことは非常に難しいのだ。私たち自身が政府の言いなりになって一生懸命にまん延防止措置のポーズをやればやるほど、私たちの世界は元の姿には戻れなくなるだろう。**本質的には私たち自身が互いにコロナパンデミックを演出し、洗脳し合っているのではないのだろうか。**

◎私たちはネガティブな情報こそ信じてしまう

重要なことなので何度も同じことを書いてしまうが、新型ウイルスによるパンデミックよりも「与えられ脳」による思考停止のパンデミックこそ最も憂慮すべき深刻な問題だと私は考えている。

私は自身のYouTubeチャンネルを通じて、新型コロナパンデミックや新型ワクチンに関する情報を交えながら、世界の真相を理解するためにはどのような思考法で分析するべきかを解説している。とても有難いことに動画を投稿するたび、視聴者の皆さんから多くのコメントが寄せられてくるのだが、ほとんどのコメントがいわゆる「陰謀論」のレッテルを貼られてしまう類いの論調である。個人的には、私の動画を視聴してくださる方に本当の意味での「陰謀論者」はいないと思っている。

お寄せいただくコメントにはすべて目を通させていただいているが、皆さんそれぞれに様々なことを危惧したり怒っているのがよくわかる。日々ニュースが飛び交うためコメント欄に書き込まれる内容は多種多様なのだが、ほとんどの方が私と同じように、最も深刻な問題は「思考停止のパンデミック」だと感じておられるようである。

テレビなどの主要マスコミは、連日のように新規感染者数と累計死者数の情報ばかりを垂れ流している。読者にマスコミ関係の方がいたならば誠に申し訳ないけれども、しかしすべてのテレビ局がひたすら新規感染者数と累計死者数の情報だけを垂れ流したのは事実だ。あの手この手を駆使して、いかに新型コロナウイルス感染症が全国的に猛威を振るっているか、いかに恐ろしい病気であるかを印象づけたことは間違いない。先述のように、真実は、パンデミック発生から1年半以上経過した2021年9月現在においても国民の9割以上は未だ感染していないのだ。しかし、テレビ報道を真に受けて私たち国民は徹底的に自粛し、感染防止効果の疑わしいマスクを常に着用している。いまや日本人のマスクの着用率はスマートフォンの国内普及率を超えているかもしれない。

脳科学的には、私たちの脳は「よりネガティブな情報」に反応するようにできている。それはホメオスタシスという超強力な現状維持機能が働くからだ。ホメオスタシスの一番の目的は「生命の維持」ということになるので、生命の危機に関する情報に対して脳は敏感に反応する。

これはYouTubeで動画を投稿する場合にも使える豆知識なのだが、動画のタイトル表紙的な役割のサムネイルは「ネガティブな表現のタイトルと数字」で構成すると視聴回数が伸びるのだ。その動画のテーマにもよるが、**視聴者は「ポジティブで曖昧なタイトル」よりも「ネガティブで具体的数値の入ったタイトル」の方が気になってクリックしてしまう**のである。

テレビのワイドショーが連日のように「新規感染者数」や「累計死者数」をはじめ、クラスター発生のニュースや芸能人・有名人が感染して入院したニュースなどの**ネガティブな情報を垂れ流すのは、その方が視聴率が稼げるからであり、視聴率が上がれば広告収入が増えるからだ**。しかし、そんなことは私に言われなくても誰もが知っていることではないか。マスコミ側の思惑をわかっていながら、それでも私たちは「ネガティブな情報」に喰らいついてしまうのだ。

加えて**「ザイアンスの法則」効果（単純接触効果）**もある。これは繰り返し何度も接触することで警戒心が薄れ、関心や好感、信頼を持ちやすくなるという効果である。すなわち、マスコミが毎朝・毎晩、新型コロナパンデミックの脅威を煽り続けると視聴者にとってそれが関心事になり、疑うことなく受け入れやすくなるのだ。そして、その状態が1年以上も経過すると、私たち人間は習慣の生き物でもあるので、習慣として新規感染者数と累計死者数の最新情報が気になって仕方がなくなるのだ。そして自ら進んで新規感染者数の情報を探すようになってしまうのだ。

このようにして私たちはパンデミックに対して、真実の実態とは乖離したイメージを持ち続けることになり、世論が誘導され必要以上に恐れるがあまり、過度な自粛や引き籠りによって経済の停滞や多くの社会問題を創り出しているのだ。つまり私たちがネガティブな情報を信じ込むことで、信じたように世界を創り出してしまうのだ。

∞何も考えずに生きていられるのは、誰かが考えているから

全く何も考えずに生きている人はいないだろうが、しかし多くの場合、自分に関係することしか考えていない。しかも何年も先の自分について深く考えたりすることはなく、ほとんどの人がちょっとした過去か、目の前のことにしか関心を向けないのだ。

私たちが生きている世界はたくさんの情報で溢れかえっているが、私たちはその膨大な情報のほとんどに関心を向けることはなく、自分が拘わるほんのわずかな部分だけを意識して生きているに過ぎない。多くの人が自分の周りの小さな世界だけを見て生きているのに、複雑な世界が不完全ながらもそれなりにバランスとカタチを保っているのは、もっと巨視的な俯瞰視点で世界を見ている人がいるからなのだ。

この視点の次元の違いによって、触れることのできる情報量に違いが生じてくる。例えば、高層ビルの屋上から見える世界とビル1階から見える世界の景色は、どちらも同じ番地のビルなのに全く違う。同じ時代の同じ国に生きていても、どんなことを考え、どんな視点を持って

生きているかによって、手に入れられる情報の質と量は変わってくるし、情報が変われば人生においてできることの幅も全く違ってくるのだ。

脳科学的に考えれば、**私たちの脳は「イメージできることしか実現できない」と言われている。**そしてイメージするためには言語化された情報が必要不可欠だ。したがって、自分の身の回りの小さな世界だけを見て生きている人の思考はその範囲内が限界で、それ以上の世界をイメージできない。イメージできない次元の世界に影響を与えることは不可能に近い。

私たちは普段から新聞やテレビなどの主要マスコミを通じてイメージを与えられ続けてきた。日本のマスコミは最近「報道しない自由」というジャーナリズム的に意味不明なことを言い始めている。つまり世論誘導のために必要なプロパガンダは垂れ流すが、都合の悪い情報や知ってもらっては困る情報は報道しない上に言論封殺するという意味が込められたメッセージなのかもしれない。そう考えると、私たちはマスコミによって一定の範囲内のイメージしか持てないようにコントロールされている可能性が極めて高いと考えられる。今すぐテレビを消して、自分の判断で情報に触れていかないと、他者による限られた狭く浅い世界の中で一生を終えることになるかもしれない。

逆に多くのことに関心を持ち、自分の頭で考えられる人は、自分の判断で情報を選び取ることができるのだ。なぜならば、今の自分に必要なものが何であるかをわかっているからである。自分にとって必要なものを知っているということは、主体的に能力を向上させたり、可能性を自分で創り出すことができるということなのだ。そしてそういう生き方こそ「自分思考・自分価値観」の人生を創造できるのだ。

この新型コロナパンデミックによって世界は変化を余儀なくされた。この世界レベルでの大変化に関心を向けられるかどうかで人生の質が変わってくると思う。しかし無関心・無反応な人たちができることはたかが知れている。誰かが考えて創り出した世界のルールに甘んじなければならないのだ。テレビの言うままに新型コロナウイルスを過度に恐れ、感染防止効果のほとんどないマスクで毎日口を塞いで生きなければいけない。治験の終わっていないワクチンの効果を疑うことなく注射して、注射した先から新しい変異種ウイルスに感染しながら生きなければいけない。

何も考えずに生きているという自覚を持たなければ、主体的に自分の頭で考えることなどできないのだ。

∞人生において自分の代わりはいない、だから自分をもっと知るべき

主体的に自分の頭で考えるにはどうすればよいのか。まずは、**自分自身に意識のベクトルを向けて自分に関心を持たなければ始まらない。**普段の私たちは、自分に関心を持っていないわけではないのだが、自分が社会からどのように見られているか、周りと比べて自分はどうなのか、という相対意識で生きている。つまり何かと自分の対比で世界を見ている。それがダメだとは言わないが、だから他人思考・他人価値観の人生を生きることに繋がり、自分から遠ざかっていくのだ。自分以外のことはよくわかっているが、肝心の自分がどこにあって、どんな存在なのか、掴みきれないでいる。

かつて私のメンターから教えてもらったネイティブ・アメリカンの諺にヒントをいただいたことがある。

「どうやって生きていけばいいのかわからなくなった時は、7番目の方向を目指して進みなさい」

普通、方向といえば前・後、左・右、上・下の6つだと思うが、ネイティブ・アメリカンの認識では方向は全部で7つある。彼らの信奉するグレート・スピリットである創造主ワカン・タンカは私たち人間に7つの方向を与え、私たちが何かを真剣に求め歩き出した時のサポートとなるよう7番目の方向に偉大なる力を隠したという伝説として語り継がれているらしい。その7番目の方向とは「中心」。つまり「自分の中の自分」ということ。ネイティブ・アメリカンの教えに従うならば、**ちゃんと自分と繋がることで私たちは偉大な力を使い人生を創造していける**のだ。

話を元に戻すが、私たちは普段、自分以外のものに関心を向け、他との対比において自分のことを測ろうとする心のクセがある。しかし、それは決して悪いことではなく致し方のないことなのであるから気にする必要はない。なぜならば、物理空間に存在しているからだ。ちょっと難しい話になるのだが、物理空間は「分離による理解」という原理に支配されているので、物事はすべてが両極に分かれていく。つまり両極への分離というのは「比べるからわかる」ということだ。もの凄く簡素に言うならば、物理現象とは対比現象なのである。だから他と比べて理解するというのは当然の話なのだ。

ただ重要なのは、他と比べることによって「自分の中心点」がどこにあるのかを理解することなのである。「自分の中心」というのは物理現象ではない。したがって「自分の中心」があるところは物理空間ではないので、具体的に取り出して観ることも触れることもできない。観ることも触れることもできないので、「自分の中心」ではあるけれど本当はわからないものなのだ。わからないからこそ、自分を見出していくことが大切なのである。

物理的に存在しない「自分の中心」を誰かが代わりに見つけてくれるはずはないのだ。すなわち、人生に自分の代わりになるものなど絶対にない。だからこそ、自分が「中心」を見出していかないと確かなものが何もないような人生を送ることになるのである。

∞人生の大半は自らの反応でできている

では、具体的にどうやって「自分の中心」を見出していくのか？　いわゆる「自分と繋がる方法」のような手法はたくさんある。深く息を吸って、ゆっくり吐く「瞑想」のようなものがイメージしやすいかもしれない。物質的には存在していない「自分の中心」と繋がろうとするには「瞑想」などの神秘的な手法が効果的だと思いがちだ。確かに深い瞑想を行うと精神が落ち着き、頭の中が気持ち良くなるので悪くはないのだが、「自分の中心」と繋がる手法としては効果が抽象的で遠回りなのだ。

それよりも**「セルフトーク」**に意識を集中する方が具体的で早いと私は思っている。「セルフトーク」というのは私が勝手にそう呼んでいるので、脳科学や心理学的な正式名称は知らないのだが、要するに**「心の中の独り言」のことだと考えてもらえばわかりやすい**かもしれない。

私たち人間は心の中でもの凄い量の独り言を誰に向けてというわけではなく喋っている。一般的な成人では1日平均2～3万回セルフトークをしている。多い人では1日5万回とも言われている。私はセルフトークを他との対比現象における自分の反応だと理解している。これを毎日2~3万回も行っているのだ。そしてそのすべてを無意識のうちに聞いているのは自分の脳だ。脳は繰り返しインプットされた情報を真実だと認識する特性がある。先ほどの「ザイアンスの法則」だ。そして私たちの脳は真実だと認識したことを具現化しようとしてとてつもない能力を発揮する性質を持っている。『思考は現実化する』というナポレオン・ヒル博士の著書のタイトルの通り、この現実世界は私たちの「思考の集大成」なのだ。

要するに、あなたは毎日2~3万回、無意識レベルの独り言を繰り返しており、そして自分の独り言を毎日のように無意識レベルで聞いている。ポジティブな独り言もあればネガティブな時もある。いずれにせよ回数の多い独り言が一番強くインプットされていく。するとあなたの脳は、その独り言を「真実」だと認識してしまうようになっていくわけだ。そしてあなたの脳は、あなたが意識しようがしまいが、それを具現化するためにフル稼働する。つまり、あなたの人生はあなたのセルフトークがベースになってでき上がっているのであり、逆にセルフトークを変えると人生も変化していくということになる。セルフトークは無意識レベルでの自分の反応なので、人生の大半は自分の反応でできているのだ。

コーチングで使われる手法のひとつに「アファメーション」というものがある。簡単に説明すると、自分の達成したいゴールや達成した時の気分や状況を言語化し、毎日声に出して唱え続けると夢が叶うという効果がある。原理的にはこれと同じなので、愚痴や否定的な反応・言葉で満ちたセルフトークだと本当に愚痴を言うための現実世界が創り出されてしまう。したがって、自分が普段なにげなく無意識下で行っているセルフトークを見つめ直すことはとても重要なのだ。

自分のセルフトークを見つめ直すと、自分の抱いている価値観がわかってくる。そして何が自分に必要なのかがわかってくる。自分に必要なものがわかっているという時点で、人生は主体的にならざるを得ないのだ。

∞言葉を選べ！　言葉によって人生の質が決まる

セルフトークを見つめ直すことの重要性について、もう少し深く考えていきたい。セルフトークにおいて私たちは言語化された言葉と非言語の感覚的な言葉の両方を用いている。セルフトークとは有意識・無意識の具現化であり、意識の具現化をするために私たちは言葉を必要とするのだ。したがって私たちが用いる言葉にはすべて意識が投影されているのである。

意識と言葉の関係性を理解するのにとても役立つものがある。それは「聖書」だ。「聖書」と一口に言っても大きく分けて「旧約聖書」「新約聖書」があり、ユダヤ教においては「聖書」は「旧約聖書」を指し、キリスト教とイスラム教においては両方を指している。

そして「聖書」は独特の文体で記述されており、決して意識と言葉の関係性を学術的に解説してくれているわけではない。したがって一文一文を解読して、記されている真意を理解していく必要がある。

「新約聖書」ヨハネの福音書は次のような文章から始まっていく。

「はじめに言葉があった　言葉は神とともにあった　言葉は神であった」

これは一体、何を伝えようとしている文章なのだろうか。単純に「俺には、神様の声が聞こえてきたよ」ということを自慢したくて書かれたものではあるまい。

聖書解読の世界的研究家であるネヴィル・ゴダード氏の解説によれば、ヨハネの福音書第一章一節は宇宙創成に関することを表している。すなわち、物理宇宙が誕生する前に言葉が存在しており、言葉こそが神（万物の創造主）であったということは、言葉が万物を創造する源であるというメッセージが込められているのだ。

しかし、私たち人間より先に言葉が存在していたということ、且つ、その言葉が万物を生み出したという解釈を理解することは非常に難しい。したがって「言葉」という日本語訳をもっと意訳していく必要がある。「言葉」とは具体的には、文字に表したり、口で発音して、はじめて実態を持つ。では、「言葉」が実態を持つ以前は何であったかというと、それは「意識」である。ヨハネの福音書、第一章一節を「意識」に書き換えると次のようになる。

「はじめに意識があった　意識は神とともにあった　意識は神であった」

要するに、この宇宙を創り出したのは「意識」であり、「意識」はまた神のように全知全能であるという解釈になる。「神」という存在があるかないかという議論は人それぞれの価値観や信仰心によって異なるが、「神」という存在があるとしても、その名前が宗教によってバラバラなので、どの神様が本当の神様なのかわからなくなってしまう。

私たち日本の神道においては神様が（数限りなく）八百万《やおよろず》も存在し、「神」という字で表すものと「命」という字を用いるものとあるのだが、「命」あるものが「神」であるとする思想は独特で興味深い点だ。

話を元に戻すと、「神」という存在があるかないかは証明することができないが、「意識」があるかないかは誰でも証明できる。深く眠っている時には「意識」はないかもしれないが、目覚めれば「意識」はハッキリとあることがわかる。私たちが眠りから覚めて目を開けた瞬間に現実の物理世界が目の前に誕生する。まさに「意識は神とともにあった」と言える瞬間が目覚めの瞬間なのであり、「意識は神であった」と解釈するならば、自らの意識によって自分の人生は創り出されているというメッセージとして解釈することには大きな意味があると私は思う。すなわち、**自らの「意識」には無限の創造力があり、「意識」の使い方次第で思い通りの人生を生み出して生きることができるという意味なのだ。**そして「意識」の使い方のひとつとして「言葉」にして表すという方法があるということだ。

「言葉」には現実を創り出すエネルギーがあり、「言葉」が持つエネルギーの質が人生の質を決めていると言っても過言ではないのだ。だから、自分が毎日のように自分に聞かせているセルフトークをよく観察し見直していくと、人生の質が見直されていくことに繋がっていくのである。自分の理想の人生を選ぶには、自分が使う言葉を選ぶ必要があるのだ。

∞ 原因論から目的論へと人生の舵を切れ

自分の使う言葉によって人生の質が向上すること、人生における可能性が広がっていくことを理解できたとしても、実際にどのような言葉を使えばよいのか。巷で流行っているスピリチュアルな自己啓発などでお馴染みの「ポジティブな言葉」を使っていれば人生が好転していくのだろうか。決して、そのようなものではない。極論を言えば、この宇宙には、絶対的なポジティブも絶対的なネガティブもないのである。ただエネルギーがそこにあるだけなのに、私たちは「良いエネルギー」だの「悪いエネルギー」だのと仕分けなければ理解できないから、いわゆるスピリチュアル系の自己啓発のような話になるだけである。

「ポジティブな言葉を使うように心がける」というのは顕在意識による行動変容を促すものではあるが、意識のもう一面である潜在意識の方が圧倒的に人生への影響力は大きいのだ。したがって潜在意識に変化を促すことで「あなたの使う言葉」は確実に変わっていくのである。

「人生の大半は自らの反応でできている」ということを私は自身のYouTube動画でいつも解

説している。私たち人間は人生のほとんどを反応して生きているに過ぎないという意味なのだが、つまり反応を引き起こしているのは顕在意識ではなく潜在意識であり、したがって人生のほとんどは潜在意識が創り出しているのだという解釈である。意識全体のうち、95％以上を潜在意識が占めていると言われているように、自分の潜在意識を理解しコントロールすることは人生の95％以上を理解しコントロールすることなのだ。

自分の潜在意識を理解するためには、先述のセルフトークを観察・分析することだ。そしてどのような価値観が自分のコアに根づいているのかを見出し言語化しなくてはならない。それが自分の反応を生み出している源泉なのだ。言語化することで認識できない潜在意識を取り扱えるようになる。そして必要に応じて自由に書き換えることも可能となるのだ。

そして、潜在意識の現実創造能力を発揮させるために欠かせないのが「人生を目的論で考える」ということだ。一般的にコーチングで「ゴール設定」と呼ばれることに近いのだが、一般的なコーチングでは「ゴール」を現状では達成不可能なほど高くて遠いところに設定する。そうすると、やたら崇高で壮大なゴール設定でありながら、それを象徴するのが高級車やセレブなライフスタイルといった表現で描かれがちになる。潜在意識を発動できれば悪くはないのだが、理想ばっかりのゴール設定になっていて、現状の外側どころか自分の外側にあるものばかりを追いかけ続けている例を良く見聞きする。

一方で私の提唱する「人生を目的論で考える」というのは、現状の外側にありそうな理想を無理やり設定するのではなく、自分のコアな部分に根づく価値観や観念に機能と役割を与えようとする考え方である。顕在意識ではそう思わなくても、本当の自分が望んでいることや信じていることに向き合い受け入れることで、人生の目的を見出していく方法もある。

人生を別な言い方で表現するならば、自分の命の使い方と言い換えることもできるわけだが、自分の命の使い方を目的論で捉えることで潜在意識による反応は変わる。それはセルフトークの言葉が変わることであり、言葉によって創造される現実も変化し始めるのだ。

世の中の多くの人が原因論で人生を捉えている。つまり過去が未来を創り出すという認識だ。しかし、本質的には「今この瞬間」を象徴する「反応＝セルフトーク」が未来を創り出すと同時に過去の意味をも変えてしまう構造になっているのだ。今すぐ原因論から目的論へと人生の舵を切らねばならない。

∞ 心が先で現実が後

「心が先で現実が後」という言い回しは、あのYouTube講演家・鴨頭嘉人氏によるものだ。この言い回しは、決して巷の安っぽい「引き寄せの法則」系の書籍やセミナーなどで謳われているようなものではなく、この宇宙の構造・原理原則を超シンプル且つ適確に言い表していると私は思う。先に心の中で現象が発生し、それが素粒子の振動に影響し、やがて物理空間にも現象として現れてくるというのが宇宙の原理原則なのだ。だからと言って、量子物理学を学べと言いたいわけではない。要するに、あなたの意識と外側の世界は密接に繋がっているということが腑に落ちればいいわけで、どうやって腑に落とすかだけの話なのである。

少し哲学的な思考訓練として話を展開してみたいと思う。あの世の世界とかパラレルワールドといった証明するのが不可能な話は一旦置いといて、この現実の世界（宇宙空間）はどこまで広がっているのか？　という問いにどう答えるのが適切なのかを考えてみたい。絶対的な解答はないかもしれないが、私はこの問いに対して次のように答えることができる。

「この世界はどこまでも広がっているし、どこまでも狭くなる」

つまり、この世界を観察しているのは自分しかいないということ。他の人も同じように世界を観察しているはずだが、しかし他人の視覚ビジョンや体感覚をそのまま自分のものとして感じ取ることはできない。したがって、自分が観察した範囲にしか世界は存在しないのである。それ以外の範囲は存在しているかもしれないが、あくまで可能性に過ぎない。世界がどこまで広がっているかは自分次第なのだ。心の中に関心が湧き起こり、関心が行動を誘発し、行動が観察範囲を広げていくと世界は広がって見える。逆に関心が起こらなければ、観察する世界は単調で広がりを感じることもない。あなたにとっての世界を創り出しているのはあなたの意識なのである。

今、世界は新型コロナウイルスという恐怖の病原体が蔓延して混乱している、ということになっている。心が何も反応しなければパンデミックの世界をそのまま受け入れて生きればいいのだが、この一連のパンデミック発生から世界中の国民を対象としたワクチン接種の流れに関心を向けると世界は違った様相を見せるのだ。

厚生労働省発表の国内の感染状況は、2021年9月現在、感染者数累計が約166万人となっているが、この人数はＰＣＲ検査（２０２１年9月現在で約２２４８万回実施）での陽性者数と同数である。すなわち、検査陽性反応＝感染という扱いになっているのだが、そもそも感染症に感染したと診断することが許されているのは、法律上は医師だけという建てつけになっている。とくにＰＣＲ検査において検査感度を示すＣｔ値というものがあるのだが、Ｃｔ値の設定によっては偽陽性反応または偽陰性反応が出る可能性が高くなるのだ。日本の場合、諸外国の設定よりも設定値が高くなっていると言われており、偽陽性反応が頻発している可能性もあるのだ。しかし、厚生労働省による適正値の指定などはない。検査結果だけではなく、医師の診断によって感染者認定しているのであれば、陽性者数と感染者数が同数ということはあり得ないのではないか。

私たち国民の多くが「本当のことを知りたい」「真実と向き合いたい」ということに無関心なので、マスコミの言う新規感染者数だけに反応し、何の根拠もなく不自由な暮らしを受け入れ、誰も責任を取らないワクチンを積極的に接種している。結果として、経済は停滞し、多くの失業者が生まれ、ワクチン接種した数日後に亡くなる人も出ている。

新型コロナウイルスがもの凄く恐ろしい毒性を持っているから世界がこうなったのではな

い。事実、私たち全員が恐れおののかねばならぬような毒性はないのだ。私たちの真実に対する無関心さがコロナパンデミックの現状を創り出した張本人なのだ。まさに「心が先で、現実が後」

毎年のように猛威を振るう自然災害、行き詰まり崩壊寸前の金融資本主義体制、腐敗・汚職による政治不信など新型コロナパンデミック以外にも現実世界には問題が山積している。それらの原因のどれもが人の意識が生み出してきたものだ。まさに「心が先で、現実が後」

私を含む多くの「バカ」な人間たちが、この激動の時代を生き抜いていくために必要な「思考法」とは、意識が現実を創り出しているという原理原則を学び、自らの意識と向き合っていくことなのだと私は考える。あなたの答えは何であろうか？

【思考法のヒント⑤】

❖自分自身の内なる声を聞いてみたことはありますか?

□自分のセルフトークに耳を傾けてみる

□自らが発する言葉によって思考は創られ、思考が現実を創り出している

□自らが発する言葉を知ることは、現実を理解することと同じだからである

Hint '05

エピローグ

超納得の人生を生きようぜ

本書の締めくくりとして、最も伝えたいことを要約するならば「人生は一度きり、超納得の人生を謳歌しよう」、そしてそのためには「今こそ、自分思考・自分価値観で生きるということを強く意識しなければならない時代になった」ということだ。

新型コロナウイルス感染症による世界的なパンデミックが発生して、人類は貧富の二極化に加えて、「自分の頭で考える人と考えない人」の二極化も鮮明になっていると私は思う。その二極化は今後もっと鮮明になり、私たちは分断されていくのである。

本書でも歴史を振り返って、私たち日本人が「他人思考・他人価値観」の生き方になるよう洗脳教育を受けてきたことについては解説した。「支配」という観点で歴史を学ぶと共通の条件が浮かび上がってくるのがわかる。

いつの時代でも、優秀な支配者は大衆が賢くならないように気を配っている。

支配者は、私たち大衆が自分の価値観に基づいて自分の頭で考えたりしないように目を光らせているのだ。真理・真実から大衆の目を逸らせるために、情報を遮断し、娯楽や芸能人スキャンダルをあてがってくる。また、ポリティカル・コレクトネスなどの新しい価値基準によって言葉狩りを行い、二元論で思考を単純化することで、大衆を考えさせないように飼育している。

逆に言えば支配者は、大衆が真実に覚醒して、自分の頭で考え始めることを恐れているのだ。なぜならば、私たちが自由に物事を考え始めると洗脳が効かなくなるからだ。洗脳こそが彼らの戦略であり、それ以上の支配戦略はないと言っていい。彼らの都合の良いように私たちを信じ込ませる以外に支配する方法はないのだ。数の力で言えば、圧倒的に私たちの方が多いからである。だから彼らの洗脳を解こうとする行為は、彼らにとっては最も脅威なのだ。

だが、本書で取り上げた米国大統領選挙の不正疑惑や新型コロナウイルスに関する一連の騒動においては、かなり露骨に強引な手法で私たちをコントロールしようとしている。とくに新型ワクチンを強制的に接種させようと追い立てるやり方には、下手をすると多くの人々が「何かちょっと変だな」と違和感を覚えているかもしれない。もちろん、それでもマスコミによるプロパガンダを妄信する人たちはまだまだ多いので、露骨で強引なやり方はもっと酷くなるだろう。しかし、それはひとりでも多くの人を覚醒させ「自分思考・自分価値観」の人生へと向かわせるチャンスでもあるのだ。

折しも本書制作の最終段階を迎えた2021年9月3日、私のYouTubeチャンネル『SATORISM TV』はYouTube側の一方的なやり方で、これまで投稿してきた全ての動画と共にチャンネル自体を抹消されてしまった。チャンネル抹消となった原因は、いくつかの動画が立て続けに「規約違反」とされたためである。それらの動画は、いずれも「新型コロナワクチン」の危険性やおかしな点を解説したものであった。

そのかわり、今のところYouTubeのような検閲や言論統制のない「ニコニコ動画」内に新たに『SATORISM TV』チャンネルを開設し、もっと自由な言論スタイルで動画を配信することにした。是非とも、「ニコニコ動画」で『SATORISM TV』の視聴を楽しんでください。

「心が先で、現実が後」——すなわち意識が変わることで現実が後から変化していく。「何かちょっと変だな」という違和感があることで意識（思い込み）が少し変化して、意識の変化が私たちの思考や脳の使い方を変えていく。思考の変化は現実を少しずつ変えていく力を私たちに与えてくれるのだ。現実を変えるための思考は、ちょっとした違和感や情動に気づくところから生まれてくる。

長い眠りから、もういい加減目を覚ませ、日本人。

最後に、私のような人間にこのような自己啓発本を執筆させていただく機会が与えられたことは大変ありがたいことだと思う。まずは本書に期待を寄せ時間とお金を割いてお読みいただいた読者の皆様に心から感謝したい。本当にありがとうございます。

また、ここまで私を導いてくださった師匠たちにも感謝を申し上げたいと思う。脳科学をベースにコンテンツビジネスのノウハウをご指導くださった経営コンサルタントの中井隆栄氏。YouTubeという動画プラットフォームを通じて自分の言葉で多くの人に想いを届ける技術を親身になって教えてくださった講演家の鴨頭嘉人氏。情報空間書き換え術という驚異の技法を伝授してくださった謎のコンサルタントＨＡＳＵＭＩ氏。そしてメンターとしていつも素晴らしい気づきを与えてくださり、今でも私を支えてくださっている企業経営者の長井正樹氏。本当にありがとうございます。

情報空間コーディネーター　浅村正樹

【著者略歴】
浅村正樹（あさむら・まさき）
情報空間コーディネーター・YouTuber
1978年岡山県生まれ。会社員時代は人材育成やチームビルディングで成果を挙げ、その経験と心理学や脳科学、量子物理学をベースとした独自のマインドコーチング「SATORISM」を生み出す。2020年に独立し、SATORISMに基づく情報空間書き換え術や多次元視力開眼秘法を使った企業コンサルティングやパーソナルコーチングを行っている。自身の動画チャンネル『SATORISM TV』では世界情勢の裏側や真相を独特の考察で深掘りする解説が大好評。「観るだけで頭が良くなる動画チャンネル」として視聴者から熱い支持を得ている。現在『SATORISM TV』はニコニコ動画を中心に展開している。インディーズでロックギタリストとしても活動している。

バカのための思《し》考《こう》法《ほう》

2021年 11月1日　初版発行

発行　株式会社クロスメディア・パブリッシング

発行者　小早川 幸一郎
〒151-0051　東京都渋谷区千駄ヶ谷4-20-3 東栄神宮外苑ビル
https://www.cm-publishing.co.jp
■本の内容に関するお問い合わせ先 …………………… TEL (03)5413-3140 ／ FAX (03)5413-3141

発売　株式会社インプレス
〒101-0051　東京都千代田区神田神保町一丁目105番地
■乱丁本・落丁本などのお問い合わせ先 ……………… TEL (03)6837-5016 ／ FAX (03)6837-5023
service@impress.co.jp
（受付時間　10:00 ～ 12:00、13:00 ～ 17:00　土日・祝日を除く）
※古書店で購入されたものについてはお取り替えできません
■書店／販売店のご注文窓口
株式会社インプレス　受注センター ……………………… TEL (048)449-8040 ／ FAX (048)449-8041
株式会社インプレス　出版営業部 ………………………………………… TEL (03)6837-4635

本文ザイン・DTP・イラスト　齋藤稔（G-RAM.INC）
カバーデザイン　金澤浩二
印刷・製本　中央精版印刷株式会社
ISBN　978-4-295-40610-5　C2034